# Freiarbeit
## mit Religionsunterricht praktisch

Materialien für die Grundschule
– Band 1 –

**3. und 4. Schuljahr**

Herausgegeben
von Hans Freudenberg

Erarbeitet von:

Almut Dinter-Brosch, Sigrid Eckert, Doris Espeter, Gerhard Finger, Hans Freudenberg, Dorita Haghgu, Britta Hamer-Simons, Ursula Harkenbusch, Dörte Kalies, Jutta Karrasch, Anke Knüpfer, Martina Langner, Inge Niemeier, Peter Rasmus, Sabine Riemer, Juliane Schumacher, Holger Sprenger, Ilona Thiel, Janna Westerholz

Grafiken: Rainer Manfrost
Siegfried Krüger

**Vandenhoeck & Ruprecht**

Die Deutsche Bibliothek – CIP-Einheitsaufnahme

*Religionsunterricht praktisch* [Medienkombination]:
Unterrichtsentwürfe und Arbeitshilfen für die ... – Göttingen:
Vandenhoeck und Ruprecht
   ISBN 3-525-61354-7 (Schuljahr 5–10)
   ISBN 3-525-61299-0 (Schuljahr 1–4)
Schuljahr 3/4
Freiarbeit / hrsg. von Hans Freudenberg. Erarb. von Almut Dinter-Brosch ... –
2., durchgesehene Auflage, 2002
   (Materialien für die Grundschule)
   ISBN 3-525-61369-5

2., durchgesehene Auflage 2002

© 2002, 2000, Vandenhoeck & Ruprecht in Göttingen.
Printed in Germany. – Das Werk einschließlich aller seiner Teile ist urheberrechtlich geschützt.
Jede Verwertung außerhalb der engen Grenzen des Urheberrechtsgesetzes ist ohne Zustimmung des
Verlages unzulässig und strafbar. Das gilt insbesondere für Vervielfältigungen, Übersetzungen,
Mikroverfilmungen und die Einspeicherung und Verarbeitung in elektronischen Systemen.
Satz: Text & Form, Garbsen
Druck und Bindearbeiten: Hubert & Co., Göttingen

# Inhalt

Abkürzungsverzeichnis ............................................................... 4

Einführung ............................................................................ 5

A    Ostern – Neues Leben aus dem Tod ................................. 17

B    Die Schöpfung mit allen Sinnen erspüren ....................... 37

C    Engel sind Hände Gottes ............................................... 56

D    Mit Jona im Fisch .......................................................... 82

E    Kirche – Sehen, was hinter dicken Mauern steckt ........... 110

F    Bibel – Auf Entdeckungsreise durch das Buch des Lebens ............. 125

G    Steine, die vom Leben erzählen ................................... 150

Quellenverzeichnis ................................................................ 168

# Abkürzungsverzeichnis

| | | | |
|---|---|---|---|
| a.a.O. | am angegebenen Ort | L. | Lehrer/Lehrerin |
| Apg | Apostelgeschichte | Lk | Lukas-Evangelium |
| AT | Altes Testament | M | Material |
| Bd. | Band | Mk | Markus-Evangelium |
| cm | Centimeter | Mt | Matthäus-Evangelium |
| CR | Cassetten-Recorder | NT | Neues Testament |
| Dtn | Deuteronomium (Das 5. Buch Mose) | o.J. | ohne Jahr(esangabe) |
| EE | Zeitschrift „Der evangelische Erzie-her" | 1 Petr | der 1. Petrusbrief |
| | | parr | Parallelstellen |
| EG | Evangelisches Gesangbuch | Ps | Psalm/Psalmen |
| EKD | Evangelische Kirche in Deutschland | ru | „Zeitschrift für die Praxis des Reli- |
| etc. | etcetera | | gionsunterricht" |
| Ex | Exodus (2. Mose) | RU | Religionsunterricht |
| FA | Freiarbeit | S. | Seite |
| ff | folgende | s. | siehe |
| FM | Farbmaterial | 1 Sam | das 1. Buch Samuel |
| Gen | Genesis (Das 1. Buch Mose) | 2 Sam | das 2. Buch Samuel |
| Hg. | Herausgeber | Sch. | Schüler/Schülerin/nen |
| i. A. | im Auszug | SJ | Societas Jesu (Jesuiten) |
| Jes | Jesaja | u.a. | unter anderem/n |
| Joh | Johannes-Evangelium | vgl. | vergleiche |
| 2 Kön | das 2. Buch der Könige | z. B. | zum Beispiel |
| 1 Kor | der 1. Korintherbrief | zit. | zitiert |
| K.V. | Kopiervorlage | | |

# Einführung

## 1. Zwei unterschiedliche Lernszenarien

### Szenarium 1:

Die Sch. einer 4. Klasse bearbeiten mit ihrer L. das Thema „Schöpfung als Geschenk und Aufgabe" (vgl. *Religionsunterricht praktisch 4*, 6. Auflage, S. 14ff). Sie werden sich im Rahmen einer Stilleübung eigener Ängste und ihrer Sehnsucht nach Geborgenheit bewusst. Sie hören auf dem Hintergrund eigener existentieller Erfahrungen Genesis 1, das priesterschriftliche Schöpfungslied, und die darin formulierte Zusage von der Geborgenheit der Schöpfung in den Händen Gottes. Sie fertigen in Gruppenarbeit Modelle zu den einzelnen Schöpfungswerken, lernen ein zum Thema passendes Lied, erarbeiten ein Bild etc. Sie schließen die Reihe mit einem Schöpfungsfest oder einem von ihnen im Wesentlichen verantworteten Schulgottesdienst ab.

Der Unterricht ist abwechslungsreich, sach- und schülerrelevant, in Teilen offen, aber doch in erster Linie gelenkter, lehrgangsorientierter und lehrerzentrierter Klassenunterricht. Die L., nicht die Sch. hat Inhalte, Ziele, Methoden und Sozialformen sowie den vorgesehenen Zeitrahmen festgelegt. Sie hat „das Heft in der Hand".

### Szenarium 2:

Die ersten Sequenzen, einschließlich der Erarbeitung von Genesis 1, läuft bei diesem Szenarium genauso ab wie bei Szenarium 1. Dann aber entscheidet sich die L. auf dem Hintergrund des zuvor Erarbeiteten zu einer konsequenten Öffnung des Unterrichts und bietet den Kindern eine breite Palette unterschiedlicher Erkundungs-, Bearbeitungs-, Vertiefungs- und Mitbestimmungsmöglichkeiten mit unterschiedlichen Schwierigkeitsgraden an:

– Motive aus Peer Gynt zu Genesis 1 in Beziehung setzen
– ein Tastmandala aus Naturmaterialien legen
– eine Meditation zu einem Schmetterlingsfoto schreiben und/oder verklanglichen
– einen „Parcour" der Sinne bauen
– ein Dankgebet zum Blütenstand einer Sonnenblume drucken
– mit Tüchern und verschiedenen Farben oder Märchenwolle den Weg vom Chaos zum Kosmos arrangieren
– Ideen entwickeln, was Kinder selbst zur Bewahrung von Gottes guter Schöpfung beitragen können
– einen Schöpfungsbaum pflanzen ...

Fast jedes Kind arbeitet anders. Mit ganz unterschiedlichen Materialien und Gestaltungsformen lesen, schreiben, recherchieren, malen, basteln die Kinder.

Eine Bücherecke, Lernspiele, Lernkarteien,

Orff-Instrumente, Geräte, Fotomappen, Bilder zum Meditieren, Symbole, naturale Objekte und andere „lernträchtige Dinge" (Maria Montessori) stehen ergänzend bereit.

Die Sch. wählen – je nach individuellem Interesse und Fähigkeiten – aus,

- *was* sie bearbeiten wollen ([Teil-] Thema),
- *wie* sie vorgehen wollen,
- *mit wem* sie arbeiten wollen (allein, zu zweit, Gruppe ...),
- *wie lange* und ausführlich sie die gewählte Aufgabe bearbeiten wollen,

- welche *Form der Präsentation* ihres Produktes sie wählen wollen.

Je vertrauter die Kinder mit der Freiarbeit werden, um so eigenständiger können sie Arbeitsvorhaben selbst planen, strukturieren, realisieren und reflektieren. In dem Maße wie das gelingt, ändert sich auch die Rolle der/des L. von einer mehr oder weniger stark lenkenden, die Lernprozesse steuernden Person, hin zu einer Lernbegleiterin, Moderatorin und „Supervisorin".

## 2. Wurzeln der Freiarbeit

Öffnung des Unterrichts im Sinne selbstbestimmten Lernens und Arbeitens ist keine Erfindung der 80er oder 90er Jahre, sondern basiert auf der Wiederentdeckung reform-pädagogischer Ansätze bei *Maria Montessori* (1870-1952), *Peter Petersen* (1881-1952) und *Celestin Freineit* (1896-1966). Besonders die italienische Ärztin und Pädagogin M. Montessori hat mit ihrem konsequenten Ansatz beim Kind wichtige Impulse gegeben. Für sie ist das Kind eine eigenständige Persönlichkeit, Träger eigenen Lebens. In einer „vorbereitete(n), anregende(n) Lernumgebung" findet das Kind durch Wahlfreiheit – nach Tempo und Modus eines „inneren Bauplans" – nach je eigenem Rhythmus und eigener Ordnung zu Selbständigkeit und Entfaltung seiner selbst. Die Rolle des Lehrers: *Hilf mir, es selbst zu tun.*

Die Reformgedanken aus dem ersten Drittel unseres Jahrhunderts haben im Horizont einer „veränderten Kindheit" und bedeutsamer gesellschaftlicher und bildungspolitischer Veränderungen eine neue Aktualität gewonnen. Die Zeitsignaturen
- Pluralisierung der Wirklichkeitsbereiche
- Wertewandel
- Individualisierung
- Autonomie
- immer raschere strukturelle Veränderungen der Arbeitswelt ...
zwingen Bildung und Schule zu Veränderungen und neuen Schwerpunktsetzungen:

- selbstbestimmtes Lernen
- vernetztes Denken und Lernen
- Orientierung des Lernens an Schlüsselproblemen – Vermittlung von Schlüsselqualifikationen
- Lernen als lebenslanger Bildungsprozess
- Kooperationsfähigkeit und Teamarbeit
- Eigenverantwortlichkeit ...

(vgl. hierzu: Zukunft der Bildung – Schule der Zukunft. Denkschrift der Kommission „Zukunft der Bildung – Schule der Zukunft" beim Ministerpräsidenten des Landes Nordrhein-Westfalen, Luchterhand, Neuwied 1995).

Freie Arbeit begünstigt die Einlösung solcher Zielvorstellungen.

Der Religionsunterricht hat gute Gründe, die Möglichkeiten selbstbestimmten Lernens und Arbeitens für sich fruchtbar zu machen. Freie Arbeit nimmt ernst und stärkt die Autonomie des Individuums, wie es dem Menschenbild der Bibel entspricht. Sie
- lässt Kinder Subjekte von Lernprozessen werden,
- befähigt dazu, religiöse Zeichen zu entziffern,
- regt an, Neugier zu entwickeln,
- befähigt zum Finden von Ordnungen, Strukturen, Zusammenhängen,
- trägt dazu bei, „das eigene Denken (zu) entwickeln und Bedeutungen bilden zu können für existentielle Grundfragen menschlichen Lebens"

(und)
„grundlegende Aussagen eines christlichen Glaubensverständnisses begreifen und verstehen zu können"
(D. Fischer, Freiarbeit im Religionsunterricht – ein Ansatz zur Förderung der Selbständigkeit, in: Im Zeichen einer veränderten Kindheit. Religionsunterricht an Grundschulen, S. 119)
– bietet „Schlüssel zur Welt" (M. Montessori) und „Schlüssel zur Welt des Glaubens" (H.K. Berg).

Ganz in diesem Sinne fordert die EKD-Synode 1994 in Halle einen Perspektivenwechsel der Erwachsenen im Umgang mit Kindern: „Es geht um einen Perspektivenwechsel, der die Eigenständigkeit des Kindes würdigt und allen Versuchen eine Absage erteilt, Menschen zu machen und nach Plan zu formen." (Synode der EKD, Aufwachsen in schwieriger Zeit. Kinder in Gemeinde und Gesellschaft, Gütersloh 1995, S. 56).

## 3. Organisationsrahmen

Das Attribut „frei" im Begriff der freien Arbeit meint nicht Beliebigkeit, sondern Wahl- und Gestaltungsfreiheit (s.o.). Diese bedarf eines überzeugenden Organisationsrahmens, der den Kindern Sicherheit gibt.
Im Anschluss an M. Montessori hat sich folgender (jeweils zu modifizierender) Ablauf bewährt:
1. *Einführung* (Plenum) in die Thematik, ihre Aspekte und das verfügbare Material; Sch. klären ihre Interessen und verabreden sich ggf. zur Zusammenarbeit
2. *Phase der Freiarbeit* mit Bearbeitung von Teilthemen/-aspekten
3. *Abschluss* (Plenum): Ergebnissicherung: Präsentation und Dokumentation der Ergebnisse (Pinwand / Fotos / Spiel / Projektheft / Wandzeitung ...) – Aufbereitung für eine Ausstellung, Elternabend etc.

Eine differenzierte Gliederung schlägt W.G. Mayer vor:

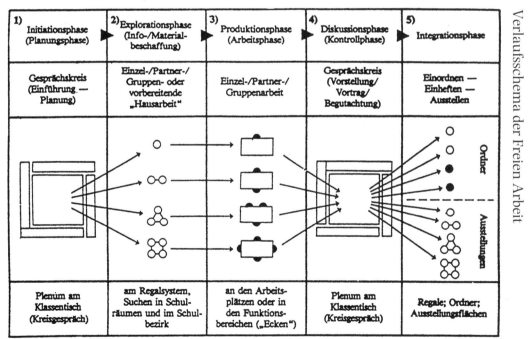

Erfahrungen mit Still-, Partner-, (Klein-)Gruppenarbeit, Stilleübungen, Projektarbeit, Lernstraßen/Stationenlernen, Ritualen bereiten die Einübung in die Freiarbeit vor. An vielen Stellen ist die Zusammenarbeit mit Kunst, Musik oder Sprache sinnvoll bzw. unerlässlich.

## 4. Arbeitsformen und Aufgabentypen

Dem Charakter der Freiarbeit gemäß sind im Religionsunterricht solche Arbeitsformen zu favorisieren, die öffnenden, ganzheitlichen Charakter haben und eigenständige, mehrperspektivische Lernprozesse anstoßen (im Gegensatz zu eindimensionalen, kleinschrittigen Materialkategorien, zum reinen Faktenwissen und zu bloßer Wiederholung. Daher spielen in unseren Materialien Eigen- bzw. Selbstkontrolle nur eine geringe Rolle). Solche freiarbeitsgemäße Arbeitsformen können sein:

– *Lernkartei anlegen* bzw. *nutzen*: Infos zusammentragen / nachschlagen / erfragen / aktualisieren / beschreiben / strukturieren > Text / „gestalten" / visualisieren ...
– *Sinne*: Gegenstände ertasten / Düfte riechen und beschreiben / Fühlkästen / Geräusche hören und zuordnen ...
– *Gestalten*: malen / schneiden / bauen / basteln / kneten / Theater spielen ...
– *Schreiben*: zu Bildern Texte schreiben / Gefühle einer Person – zwischen zwei Personen beschreiben (Angst / Wut / Freude ...) / Empfindungen (z.B. zu einem Werbeplakat formulieren / neue Strophen dichten)
– *Bilder*: zu einem Bild einen (Bibel-) Text auswählen und dazulegen / Bilder meditieren / verklanglichen / verfremden
– *Malen*: Mandalas / Gefühle / Stimmungen und Musik / Lied(er) zu Metaphern / vorgegebene Struktur neu füllen
– *Symbole*: benennen, erschließen / deuten.

Zu weiteren Arbeitsformen siehe F. Gervé, Freiarbeit. Was ist das? Wie geht das? Wie fange ich an? Beispiele – Materialien – Hilfen – Adressen, AOL-Verlag, Lichtenau 1991, S. 60–66.

## 5. Anforderungen an Freiarbeit und Freiarbeitsmaterial

Nahezu alle einschlägigen Publikationen enthalten Kriterienkataloge zur Beurteilung bzw. zur Herstellung von Freiarbeitsmaterialien. Exemplarisch seien hier die 19 Merkmale genannt, die C.G. Krieger zusammengestellt hat.

*Freiarbeitsmaterial sollte:*
– „ästhetisch sein,
– eine motivierende Aufmachung haben,
– Interesse wecken,
– Aufforderungscharakter besitzen,
– zur Selbsttätigkeit anregen,
– zum Handeln weitertreiben,
– sachimmanent didaktisch führen,
– durch seine Struktur in geordnete Bahnen lenken,
– ein oder auch mehrere Lösungswege anbieten,
– Rückfragen und Hilfestellungen durch den Lehrer überflüssig machen,
– vom Konkreten zum Abstrakten und problemlösenden Denken führen,
– Selbstkontrolle und Selbstkorrektur ermöglichen,
– Kommunikation und Kooperation fördern,
– an Erfahrungen anknüpfen,
– Sinne schulen,
– Kreativität fördern,
– in zeitlich überschaubarem Maße zu bearbeiten sein,
– Wiederholungen erlauben,
– nicht nur sachimmanent führen, sondern auch sachbezogene Kreativität fördern, die z.B. zu neuen Aufgabenstellungen, Veränderungen oder gar Weiterentwicklungen des Materials führt."
*(aus: C.G. Krieger, Mut zur Freiarbeit, Schneider, Hohengehren, S. 26)*

Wichtig, weil fachspezifisch, erscheint uns noch die Berücksichtigung folgender zusätzlicher Kriterien:

Einführung

*Freiarbeit sollte:*
- für den christlichen Glauben grundlegende, exemplarische Inhalte und / oder Glaubenserfahrungen ansprechen,

- die „Welt des Lebens und des Glaubens" (H.K. Berg) aufschließen helfen.

## 6. Freiarbeit ist nicht der Königsweg des Religionsunterrichts

Freiarbeit ist unter den o.g. Voraussetzungen auch für den Religionsunterricht eine gute Möglichkeit eigenaktiven, mehrdimensionalen, entdeckenden Lernens und Arbeitens. Sie ist bei den meisten Kindern beliebt, die Arbeitsergebnisse sind respektabel.

Freiarbeit soll und kann andere Lernwege im Religionsunterricht (Gespräch / Erzählung / Stilleübung / Projektarbeit ...) nicht ersetzen oder ablösen, sondern will diese sinnvoll ergänzen. „Ergänzen" meint in unserem Verständnis: den gemeinsamen, gelenkten Unterricht weiterführen und vertiefen und beides in eine plausible Balance bringen. Nur so ist gewährleistet, dass die emotionale und soziale Dimension nicht verkümmert und die Lerngruppe als Erzählgemeinschaft erhalten bleibt.

Freiarbeit bietet sich vor allem dann an, wenn die Inhalte und die zu erwartenden Ergebnisse aufgrund der unterschiedlichen Lernvoraussetzungen sie nahe legen und ein Lernen und Arbeiten im „Gleichschritt" unergiebiger sein würde. Unterschiedliche Modelle zur Organisation der Freiarbeit sind vorstellbar:

- Freiarbeit als „Partikel" oder Baustein im Rahmen des gemeinsamen Unterrichts
- Freiarbeit im Rahmen (anfänglich) kleinerer oder (zunehmend) größerer Stundeneinheiten
- Freiarbeit als epochales Angebot – (vgl. H.K. Berg, Freiarbeit im Religionsunterricht, S. 130f).

In jedem Fall müssen Formen eingeübt, muss ein festes Regelwerk vereinbart werden. Ein behutsamer Beginn hilft, Frustrationen zu vermeiden.

## 7. Hinweise zur Praxis

### a) Materialsammlung

Eine jederzeit verfügbare und ergänzbare Sammlung verschiedener Materialien ist für die Freiarbeit hilfreich. Sie könnte z.B. umfassen:

| | | |
|---|---|---|
| Nüsse | Ton | Blankokarten |
| Kastanien | Stoffreste | Wolle/Märchenwolle |
| Baumrinde | Meditative Musik | Tücher (Chiffon u.a.) |
| Baumscheiben | Orff-Instrumente | Aufbewahrungsboxen |
| Holzreste | Papier /Karton (versch. Farben | Druckkasten |
| Steine | und Formate) | Bethel-Püppchen (s. *Religions-* |
| Muscheln | Farben | *unterricht praktisch 2*, S. 64) |
| Sand | Pinsel | (Becher-) Lupe |
| Bilder / Fotos / Kalenderblätter | Kleber | Holzperlen |
| zu div. Themen | Scheren | Kinderzeitschriften (auch ältere |
| Zeitungen | Karteikarten (versch. Farben | Ausgaben) |
| Perlen | und Formate) | Klarsichthüllen |

Vieles lässt sich Platz sparend in transportablen Containern aufbewahren, die für die Zeit der FA in den Klassenraum gebracht werden (idealerweise sollte ein eigener Religionsraum zur Verfügung stehen).

### b) Arbeitsmaterial für Freiarbeit

Lehrmittelhändler und verschiedene Verlage bieten Freiarbeitsmaterial – auch für den Religionsunterricht – an – als Fertigprodukte oder als Blanko-Material zur Eigenherstellung.
Eine Auflistung der Anbieter, Produkte und Bezugsadressen enthält der Beitrag „Wo – Was – Wie teuer?" von Rudolf Horn, in: ru 1/98, S. 32-38 und vom selben Autor „Freiarbeitsmaterial für Religion darf nicht fehlen", in: Katechetisches Institut des Bistums Aachen, Hg., Die Seelsorgestunde in der Grundschule, (Religionspädagogische Arbeitshilfe Nr. 68), Aachen 1998, S. 89ff.

### c) Laminieren

In der Praxis hat es sich bewährt, das Schriftgut vor der Erstbenutzung zu laminieren. Über Laminiergeräte verfügen inzwischen viele Grundschulen. Die Vorteile des Laminiersystems liegen auf der Hand: Die Vorlage
– wird dauerhaft geschützt
– kann mit Folienstift beschriftet / bemalt und die Schrift / das Bild wieder abgewischt werden.
– Dadurch bleibt sie beliebig häufig verwendbar.
Die Folien (DIN A4 und DIN A3) gibt es in verschiedenen Stärken.
Die Werthaltigkeit des Freiarbeitsmaterials wird auch durch andere einfache Mittel erhöht, z.B. durch:
– Gebrauch von farbigem Papier / Pappe
– Verwendung von Passepartouts
– Farbkopien / Farbbildern
– Sticker etc.

### d) Präsentation der Ergebnisse

Es gehört zum Wesen der Freiarbeit, dass die Kinder sich und anderen über die Ergebnisse ihres Tuns Rechenschaft geben. Dies kann geschehen durch:

– immanente Fehlerkontrolle
– Lehrer- oder Partnerkontrolle
– kleine Referate etc.
– Spiel / Wandzeitung / Fotodokumentation etc. (s. S. 6f)

Zu bestimmten Anlässen und Themen kann sich die Form der Präsentation im Rahmen einer kleinen *Ausstellung* anbieten, z.B. beim Thema „Schöpfung" oder „Steine" oder „Kirche". Was erarbeitet wurde, wird so angemessen präsentiert und einer größeren Öffentlichkeit zugänglich gemacht. Als Rahmen hierfür ist der eigene Klassenraum, aber auch die Eingangshalle der Schule, die Schulstraße oder ein außerschulischer Raum denkbar (benachbartes Gemeindezentrum, Sparkasse etc.). Die Form der Präsentation sollte in Übereinstimmung mit dem Thema möglichst von den Kindern bestimmt werden.
Einige Hinweise sollen Möglichkeiten zur attraktiven Vorstellung von Produkten und Arbeitsergebnissen aufzeigen und die Entwicklung eigener Ideen anregen.

*Allgemeine Hinweise:*
– Thema deutlich herausstellen
– Arbeiten / Produkte in Augenhöhe der Kinder installieren
– durch Exponate Neugier des Betrachters wecken und zum Lesen / Anschauen / Anfassen einladen
– große, gut lesbare Schrift, z.B. für mögliche Erklärungen, wählen
– Farben einsetzen
– mit Textmarker(n) wichtige Aussagen herausheben.

*Ausstellungsfläche* ausgestalten und attraktiv machen durch:
– farbige Stoffe
– Ton- / Krepp- / Packpapier / Karton
– Wellpappe

*Exponate* herausstellen durch:
– Passpartouts
– Dioramen
– Ausstellungswände / Schränke / Bilderwände / Stellwände / Gartenspalier

Einführung **11**

– leere Aquarien
– aufstellbare Leporellos.

Für weitere Anregungen zum Thema s. auch:

Tolle Ideen – Arbeitsergebnisse präsentieren und ausstellen, Verlag an der Ruhr, Mühlheim 1996.
    Eine Alternative zu dem hier vorgeschlagenen Weg ist der Aufbau von Lernstationen.

## 8. Zur Arbeit mit dem Buch

### a) Adressaten

Material und Aufgaben richten sich in erster Linie an Sch. der *3. und 4. Schuljahre*. Bei ihnen können in aller Regel bestimmte Lesefertigkeiten und ein eigenständiges Erfassen der Arbeitsaufträge vorausgesetzt werden. Wer in früheren Jahrgängen mit dem Material arbeiten will, muss es auf diese Zielgruppe hin modifizieren, d.h. vereinfachen und elementarisieren.

### b) Handhabung

L. wählt die für ihre / seine Lerngruppe geeigneten Materialien und Arbeitsaufträge aus (Häufig sind die Vorschläge alternativ formuliert, sodass Sch. wie L. auswählen oder auch die Aufgaben neu kombinieren können).
– Falls erforderlich, fertigt L. eine Kopie/Kopien von dem modifizierten Material an. Dies gilt auch für die Farbkopien (FM → Copyshop!).

– Die Kopie wird in den Blankovordruck (→ S. 167) eingeklebt bzw. eingescannt.
– L. laminiert das Blatt/die Blätter oder steckt es/sie in (eine) Prospekthülle(n).
– Sch. bearbeiten die Materialien.
(Zur besseren Unterscheidung können für die verschiedenen Kapitel unterschiedliche Papierfarben gewählt werden).

### c) Beispiel

Die Arbeitskarte „Das Weizenkorn stirbt – Neues Leben wird geboren" (Kapitel A: Ostern – Neues Leben aus dem Tod) nennt acht unterschiedliche Arbeitsaufträge.

Folgende Varianten sind denkbar:

*Variante 1:*    wie vorgegeben

*Variante 2:*

| Du benötigst außer dem Bibeltext: | Weizenkörner |
|---|---|
| | „Ein Weizenkorn ruht tief in der Erde. Winzig ist das Korn ... |
| | Jesus sagt: ,Wenn das Weizenkorn in die Erde fällt und stirbt, entsteht viel Frucht aus ihm!'" (Joh 12,24) |
| Arbeitsvorschläge: | – Nimm ein einzelnes Weizenkorn in die Hand und beobachte es ganz genau (Form / Farbe / Festigkeit ...). |
| | – Lege eine Karteikarte mit einem Bild des Weizenkorns und deinen Beobachtungen an. |

*Variante 3:*

| | |
|---|---|
| Du benötigst außer dem Bibeltext: | – Weizenkörner<br>– Pflanzschale mit Blumenerde<br><br>„Ein Weizenkorn ruht tief in der Erde.<br>Winzig ist das Korn ...<br><br>Jesus sagt:<br>‚Wenn das Weizenkorn in die Erde fällt und stirbt,<br>entsteht viel Frucht aus ihm!'" (Joh 12,24) |
| Arbeitsvorschläge: | – Weiche Weizenkörner in warmem Wasser ein (24 Stunden) und beobachte.<br>– Pflanze Weizenkörner in eine Pflanzschale mit Blumenerde und verfolge die weitere Entwicklung. Schreibe auf und ergänze von Zeit zu Zeit, was du siehst. |

*Variante 4:*

| | |
|---|---|
| Du benötigst außer dem Bibeltext: | – Wolle (versch. Farben)<br>– Teppichfliesen<br><br>„Ein Weizenkorn ruht tief in der Erde.<br>Winzig ist das Korn ...<br><br>Jesus sagt:<br>‚Wenn das Weizenkorn in die Erde fällt und stirbt,<br>entsteht viel Frucht aus ihm!'" (Joh 12,24) |
| Arbeitsvorschlag: | Lege ein / mehrere Wollfadenbild(er) an zum Thema „Das Weizenkorn muss sterben, damit neues Leben entsteht." |

*Variante 5:*

| | |
|---|---|
| | „Ein Weizenkorn ruht tief in der Erde.<br>Winzig ist das Korn ...<br><br>Jesus sagt:<br>‚Wenn das Weizenkorn in die Erde fällt und stirbt,<br>entsteht viel Frucht aus ihm.'" (Joh 12,24) |
| Arbeitsvorschlag: | Sammle Bilder und Nachrichten, die euch zeigen, wie etwas vergeht / „sterben" muss, damit Neues geboren werden kann. |

Einführung 13

*Variante 6:*

| | |
|---|---|
| | „Ein Weizenkorn ruht tief in der Erde. Winzig ist das Korn ... Jesus sagt: ,Wenn das Weizenkorn in die Erde fällt und stirbt, entsteht viel Frucht aus ihm!'" (Joh 12,24) |
| Arbeitsvorschlag: | Schreibe die Weizenkorngeschichte zu einer Geschichte um, mit der Jesus seine Jünger tröstet, als sie erfahren, dass er sterben muss. |

*Variante 7:*

| | |
|---|---|
| Arbeitsvorschlag: | „Ein Weizenkorn ruht tief in der Erde. Winzig ist das Korn ... Jesus sagt: ,Wenn das Weizenkorn in die Erde fällt und stirbt, entsteht viel Frucht aus ihm!'" (Joh 12,24) Schreibe den Satzanfang weiter: „Jesus, du bist wie das Weizenkorn ..." |

## 9. Literatur

### a) Grundlegendes

- H. Barnitzky / R. Christiani, Hg., *Die Fundgrube für freie Arbeit*. Das Nachschlagewerk für Einsteigerinnen und Fortgeschrittene, Cornelsen, Berlin 1998
- C. Claussen, Hg., *Handbuch Freie Arbeit*. Konzepte und Erfahrungen, Beltz, Weinheim 1996
- F. Gervé, *Freiarbeit. Was ist das? Wie geht das? Wie fange ich an?* Beispiele, Materialien, Hilfen, Adressen, AOL, Lichtenau 1992
- E. Groß, Hg., *Freies Arbeiten an weiterführenden Schulen*, Auer, Donauwörth 1992
- I. Hegele, Hg., *Lernziel: Freie Arbeit*. Unterrichtsbeispiele aus der Grundschule, Beltz, Weinheim/Basel 1995[5]
- dies., *Lernziel: Offener Unterricht*. Unterrichtsbeispiele aus der Grundschule, Beltz, Weinheim/Basel 1997[2]
- K. Heinrich, *Kinder arbeiten (sich) frei*. Wie Grundschule Schule der Kinder sein kann, Neue Deutsche Schule, Essen 1991
- W. Hövel, Hg., *Freie Arbeit – Wochenplan*. Konzepte und Kontroversen, Verlag an der Ruhr, Mülheim/R. 1991
- *Im Zeichen einer veränderten Kindheit*. Religionsunterricht an Grundschulen (Bensberger Protokolle 86), Thomas-Morus-Akademie, Bensberg 1996, Overather Str. 51-53, 51429 Bergisch Gladbach
- M. Kehr, *Lernen mit Kopf, Herz und Hand*. Hilfen für die Freie Arbeit, Auer, Donauwörth 1996
- C.G. Krieger, *Mut zur Freiarbeit*. Praxis und Theorie des freien Arbeitens für die Sekundar-

stufe (Grundlagen der Schulpädagogik, Band 9), Schneider, Hohengehren 1998
- Landesinstitut für Schule und Weiterbildung, Hg., *Kinder lernen selbständig.* Arbeitshilfen für Freie Arbeit und Wochenplanunterricht in der Grundschule, Verlag für Schule und Weiterbildung, Bönen 1989
- W.G. Mayer, *Freie Arbeit in der Primarstufe und in der Sekundarstufe bis zum Abitur.* Denkanstöße zur inneren Reform der Schule – ein Diskussionsbeitrag aus Nordrhein-Westfalen, Agentur Dieck, Heinsberg 1992
- M. Mayer-Behrens, *Grundschule – Haus für Kinder.* Vom Klassenraum zur Lernlandschaft – ein Kernstück der Schulreform, Agentur Dieck, Heinsberg 1996
- M. Montessori, *Schule des Kindes* (1916), Herder, Freiburg 1996
- dies., *Das kreative Kind* (1949), Herder, Freiburg 1996
- dies., *Dem Leben helfen*, Herder, Freiburg 1992
- Verein zur Förderung der Freien Arbeit in der Schule, Hg., *Freie Arbeit – Anfänge*, Verlag an der Ruhr, Mühlheim/R. o.J.
- W. Wallrabenstein, *Offene Schule – Offener Unterricht.* Ratgeber für Eltern und Lehrer, roro Sachbuch, Reinbek 1995
- R. Walz, *Keine Angst vor Freiarbeit*, Planung – Arbeitsmaterial – Kontrolle, Rüdiger Kohl, Niederzier 1993[3]

## b) Freiarbeit und Religionsunterricht

- H.K. Berg u.a., *Montessori für Religionspädagogen.* Glauben erfahren mit Hand, Kopf und Herz, Kath. Bibelwerk, Stuttgart 1995[2]
- ders., *Freiarbeit im Religionsunterricht.* Konzepte – Modelle – Praxis, Calwer, Stuttgart 1997
- Chr. Lehmann, *Freiarbeit – ein Lern-Weg für den Religionsunterricht?* Eine Untersuchung von selbständigem Lernen im Horizont kritisch-konstruktiver Didaktik, Lit, Münster 1997

Ausführliche Zusammenstellungen von Praxisvorschlägen und -modellen enthalten:

- *Praktisches Lernen – mit Kopf, Herz und Hand*, Themaheft 2, ru 1991
- ru 3/1995, *In Freiheit lernen – Freiarbeit im Religionsunterricht* (Themaheft)
- ru 3/1996, Bücher und Materialien zur Montessori-Pädagogik und zur Freiarbeit, S. 105ff
- ru 1/1998, *Wo – Was – Wie teuer?* Modelle und Materialien zu Freiarbeiten im Religionsunterricht, S. 32ff
- Bibliographie Freiarbeit – RU, Comenius-Institut, Schreiberstr. 12, 48149 Münster, Telefon: 0251/981010, (Stand 01/98)

## c) Bücher für die „Religionsecke"

- W. Bühlmann, *Wie Jesus lebte.* Vor 2000 Jahren in Palästina. Wohnen, Essen, Arbeiten, Reisen, Rex, Luzern/Stuttgart 1994[4]
- ders., *Bethlehem vor 2000 Jahren*, rex, Luzern/Stuttgart 1995
- ders., *Jerusalem vor 2000 Jahren*, rex, Luzern/Stuttgart o.J.
- P. Connolly, *Das Leben zur Zeit des Jesus von Nazareth*, Tessloff, Hamburg 1996[6]
- *Die Bibel entdecken.* Den Menschen der Bibel begegnen. Die Bücher der Bibel verstehen. Die Welt der Bibel entdecken, Brunnen/BLB, Gießen 1997[4]
- A. Dietl / R. Dornen-Weise, *Gott ist bei uns, Kinder erleben das Kirchenjahr*, Pustet, Regensburg 1998
- U. Jaeschke / R. v. Olnhausen, Medien-Bausteine Religion 1. Kontext Jesu: Israel I, Urs Görlitzer, Karlsruhe 1990
- dies., Medien-Bausteine Religion 2. Kontext Jesu: Israel II, Urs Grölitzer, Karlsruhe 1990
- *Das kleine Bibel-Handbuch.* Menschen – Geschichten – Orte, Kath. Bibelwerk, Stuttgart 1998
- I. Meyer, Hg., *Faszinierende Welt der Bibel.* Von Menschen und Schicksalen, Schauplätzen und Ereignissen, Herder, Freiburg/Basel/Wien 1996[2]
- *Ich entdecke die Welt der Bibel – Altes Testament*, Otto Maier, Ravensburg 1998[8]
- *Ich entdecke die Welt der Bibel – Neues Testament*, Otto Maier, Ravensburg 1998[8]

- D. Pickering, *Bibel Quiz – Fragen und Antworten*. Katholisches Bibelwerk / Schulte & Gerth, Stuttgart 1997
- L. Rock, Bibel-Bastelbuch, Kath. Bibelwerk/ Schulte & Gerth, Stuttgart/Asslar 1998
- J. Quadflieg, Hg., *Das Kinderbuch vom Kirchenjahr*, Patmos, Düsseldorf 1996[13]
- G. Schwikart, *Gott hat viele Namen*. Kinder aus aller Welt erzählen von ihrem Glauben, Patmos, Düsseldorf 1998[3]
- J.N. Tubb, *Länder & Völker der Bibel*. Zeugnisse einer großen Kultur. Von der Frühgeschichte des Heiligen Landes bis zur Römerzeit, Gerstenberg, Hildesheim 1992
- M. u. U. Tworuschka, *Die Weltreligionen Kindern erklärt*, Gütersloher Verlagshaus, Gütersloh 1997[2]

Die „Ecke" sollte ferner einen grundschulgeeigneten Bibelatlas und ein Kinderlexikon aufweisen.

# Ostern – Neues Leben aus dem Tod

Osterkartei

Osterkerze

Osterlieder

Das Weizenkorn stirbt

Bilder vom neuen Leben

Ostermandala aus Naturmaterialien

# 1. Thematisches Stichwort

## a) Grundsätzliches

Die Botschaft von der *Neuwerdung des Lebens* drückt das Neue Testament auf dreifache Weise aus:

a) In der Form des *Bekenntnisses*: „Christus ... gestorben ... begraben ... am 3. Tag auferweckt worden" (1 Kor 15,3ff parr.). – In diesen Bekenntnissen wird der Beginn der Endzeit ausgedrückt.

b) In der Form der *Erscheinungsgeschichten*: z.B. Lk 24,13ff parr. – Die Erscheinungsgeschichten bestätigen die Auferweckung Jesu und dienen der Beauftragung der Zeugen.

c) In den *Geschichten vom leeren Grab*: z.B. Mk 16,1ff parr. – Sie zeigen, wo Jesus *nicht* zu finden ist: im Grab, sondern verweisen auf die Begegnung mit dem Auferstandenen selbst, der das Geheimnis seiner Person und Geschichte offenbart: der Erniedrigte ist der Erhöhte, der Gekreuzigte lebt, der zum Schweigen Gebrachte spricht zu den Jüngern (vgl. *Religionsunterricht praktisch 1*, S. 122).

Die Parallelität der Traditionen bewahrt davor, Auferstehung gleichsam lexikalisch nur unter *einem* Deuteschema zu begreifen. Die Auferstehung ist – anders als Tod / Begräbnis / Kreuzigung – *kein historisches Ereignis*, sondern meint eine existentielle Erfahrung.

Deren Wirkung:
- Menschen ändern ihr Leben – die Begegnung wird für sie zum heilsamen Ereignis.
- Sie kommen zum Glauben.
- Ihre Zweifel werden hinweggenommen, neues Leben und neue Hoffnung gestiftet, die in einer Leben und Tod umgreifenden Liebe gründen.

Das Kraftfeld dieser Liebe im Sinne einer grundlegend neuen Lebensorientierung kann didaktisch auf vielfältige Weise erschlossen werden:
- Bilder können helfen, das Metaphorische zu entfalten: z.B. im Symbol des Lichts (Osterkerze) oder im Bild vom Weizenkorn, das sterben muss, um neues Leben aus sich herauszusetzen.

- Andere Zugänge sind *Lieder*, *Bilder* vom neuen Leben, die mit musikalischen oder künstlerischen Möglichkeiten Ostern begreifen helfen.
- Die Brauchtumsforschung hat in den letzten Jahren verschüttete Zugänge zum *Osterbrauchtum* neu freigelegt und damit noch einmal andere Deutehorizonte erschlossen. Einige wesentliche Sachverhalten seien – nach kurzen Hinweisen zur Etymologie, zu den Wurzeln des Osterfestes und zur Terminfrage – entfaltet.

## b) Etymologie

„Ostern" steht nicht, wie häufig zu lesen ist, mit der angelsächsischen Göttin „Eostre" (Ostara) in Verbindung, sondern leitet sich von altgermanisch „austrovon" (aust = Osten) her. In der im Osten aufgehenden Sonne sahen Christen den auferstehenden Herrn symbolisiert.

## c) Wurzeln

Ostern wurzelt – wie viele Sprachen belegen – im jüdischen Passa. Beispiele:
- pasqua (ital.)
- pascua (span./port.)
- paques (frz.)
- pasen (niederl.)
- paskit (norw.)

Das Judentum feierte das Passafest am 1. Tag des Frühlingsvollmondes in Erinnerung an den Exodus aus Ägypten (pas-cha = schonen, vorübergehen). Seine Thematik ist: „Erinnerte Befreiung" und „erhoffte Erlösung". Da Jesus zur Zeit des Passafestes (14. Nissan) hingerichtet wurde, übernahm die frühe Gemeinde den Termin und füllte ihn inhaltlich neu.

Im sekundären Sinne sind dem Osterfest *Elemente des Naturjahres* zugewachsen, die Rückkehr des Lebens (Vegetation / Zugvögel ...) nach Dunkelheit und Sterben der Vegetation. Neuwerden wird als Wiedererwachen der Natur und neuen Lebens erfahren, das dem „Tod" erwächst.

## d) Termin

Im Gegensatz zu Weihnachten ist Ostern ein „bewegliches" Fest. Nach längerer Kontroverse hat das Konzil von Nicäa (325) den Festtermin auf den Sonntag nach dem ersten Frühlingsvollmond festgelegt. Ostern kann (in Übereinstimmung mit dem jüdischen Mondkalender) frühestens auf den 22. März und spätestens auf den 25. April fallen. Seinen Abschluss findet die österliche Freudenzeit (seit der zweiten Hälfte des 2. Jahrhunderts) mit dem 50. Tag nach Ostern, dem Pfingstfest (Pfingsten < gr. „pentekostá" [50. Tag] nach Ostern), dem Fest der Ausgießung des Heiligen Geistes.

## e) Osterbrauchtum

### Ostereier

Das Ei, eines der Ursymbole der Menschen, ist in vielen Kulturen und Religionen Sinnbild für den *Ursprung des Lebens*. Viele *Schöpfungsmythen* erzählen, dass aus einem Ei alles Leben hervorgegangen sei, z.B.
- Indien: Aus einem goldenen Ei entstand das Universum.
- China: Aus dem Wasser des Anfangs ging ein Ei hervor, das sich selbst ausbreitete und Land wurde.
- Finnland: Der Gott der Lüfte legte einst ein goldenes Ei auf das Knie der im Ozean schlummernden Meeresgöttin. Als die Göttin erwachte, zerbrach das Ei und es entstand das Universum. Die obere Schalenhälfte wurde zum Himmel, das Dotter zur Sonne, das Eiweiß zum Mond, und aus Schalensplittern entstanden Sterne und Wolken.

Eier als *Sinnbilder des sich stets erneuernden biologischen Lebens* sind schon um 5000 v. Chr. aus Ägypten und Persien belegt:
- Bemalte Eier wurden anlässlich des Frühlingsfestes verzehrt.
- Die Ägypter gaben ihren Toten verzierte Eier als Grabbeigaben und Wegzehrung mit auf die Jenseitsreise.

Das Christentum hat manche dieser Bräuche übernommen und umgedeutet: Das Ei mit zerbrechlicher Schale, aus dem neues Leben kommt, wird zum Gleichnis der Auferstehung und des neuen Lebens Christi: „Wie der Vogel aus dem Ei gekrochen, hat Jesus Christus das Grab zerbrochen", sagt ein alter Osterspruch.

Nach einer Legende soll der römische Kaiser Maxentius das erste Osterei bekommen haben. Er sagte: „Ich glaube nur dann an die Auferstehung Jesu, wenn vor meinen Augen ein Stein lebendig wird." Da brachte ihm die ägyptische Königstochter Katharina ein Entenei. Der Kaiser sah, wie die Schale zersprang und eine kleine Ente aus dem Ei schlüpfte. Katharina zum Kaiser: „War das Ei nicht wie ein Stein? Und nun ist neues Leben aus ihm herausgekommen!" Das soll den Kaiser überzeugt haben.

Schließlich sei noch darauf hingewiesen, dass das Ei auch im Rahmen des jüdischen Passafestes eine Rolle spielt. Es liegt neben dem Knochen mit dem Fleisch gekocht bzw. gebraten auf dem Sederteller. Im Judentum ist das Ei auch Symbol der Trauer (über die Zerstörung des Tempels) und bildet die erste Mahlzeit, die die Trauernden nach dem Begräbnis genießen (vgl. W.D. Berner, Hg., Ostern. Verkündigung, Liturgie, Feier, Vandenhoeck & Ruprecht, Göttingen 1998, S. 28).

### Eierfärben

Auch das Bemalen und Verzieren von Eiern stammt aus vorchristlicher Zeit (s.o.). Die in der christlichen Rezeption bevorzugte Farbe *rot* spielt einerseits auf Leiden und Blut der Passion Jesu und seiner verzehrenden Liebe an, andererseits auf die Ostersonne und die Freude über das neue Leben. Rot ist auch die Farbe des Sieges und der Königswürde.

Rot gefärbte Eier erinnern auch an die Zeit, als die Bauern an die weltlichen und geistlichen Grundherren einen Teil ihres landwirtschaftlichen Ertrages als Pacht abliefern mussten. Ein Teil dieser Abgaben wurde an Gründonnerstag (auch „roter Donnerstag" genannt) erhoben. Das letzte dieser Eier, das sogenannte „Antlassei" (= erlassen, vergeben) war häufig rot gefärbt.

Seit dem 17. Jahrhundert wurde das Verzieren, Buntmalen und Verschenken von Ostereiern zum allgemeinen Brauch in Deutschland, auch das Verstecken und Suchen.

Eier werden bemalt, beklebt, gekratzt, getuscht, mit Batik oder Scherenschnittmustern, Pflanzen, Perlen oder Körnern beklebt, aus Glas, Porzellan, Silber oder Wachs nachgestaltet. Feine altdeutsche Schriftmuster zieren Eier aus der Rhön, Eier aus Russland, Rumänien oder Äthiopien sind im Stil der Ikonenmalerei geschmückt, wieder andere tragen allgemeine christliche Symbole (Kreuz, Herz, Anker, Ähre und Traube, Lebensbaum etc.) oder spezifische Auferstehungssymbole (Pelikan, Lamm und Siegesfahne, Christus, der dem Grab entsteigt ...)

### Eier verstecken

Der Brauch, Eier auf der Wiese oder im Garten zu verstecken, ist möglicherweise germanischen Ursprungs. Die germanischen Vorfahren pflegten im Frühjahr Eier beim Bestellen des Ackers mit unterzupflügen. Die im Ei schlummernden Kräfte sollten Fruchtbarkeit und Ertrag günstig beeinflussen.

### Osterhase

In der Kunst des Mittelalters begegnet der Hase als Gottes- und Christussymbol (> Dreihasenfenster am Dom in Paderborn). Seine sprichwörtliche Fruchtbarkeit hat den Hasen mit Bezug auf Ostern zum Sinnbild des sich immer wieder *erneuernden Lebens* gemacht.

Aber auch die mittelalterlichen Naturalabgaben an die Grundherren zum Ostertermin (s.o.) hat den Hasen mit dem Auferstehungsfest in Zusammenhang gebracht. Als österlicher Eierbringer kam der Hase im 17. Jahrhundert in Mode – zunächst nur am Oberrhein, im Elsass und in der Pfalz. In der Mitte des 18. Jahrhunderts erreichte

das Brauchtum auch Mittel- und Ostdeutschland.

Im Volksglauben konkurrierten in früheren Zeiten mehrere Tiere um die Funktion des Eierbringers:
- Fuchs (Hannover, Ostfriesland, Ravensburg, Westfalen)
- Hahn (Oberbayern, Österreich, Thüringen)
- Kuckuck (Altmark, Braunschweig, Siebenbürgen, Solling)
- Storch (Rhön, Thüringen).

### Osterlamm

Unklar ist, *wann* das Lamm ins Osterbrauchtum Aufnahme fand. Deutlicher hingegen ist sein alttestamentlicher Sinnbezug.
- Es erinnert zum einen an das jüdische *Passa-Fest*, ein ursprüngliches Hirtenfest, bei dem am ersten Frühlingsvollmond Jahwe die erstgeborenen Lämmer geopfert wurden. Das Blut der Opfertiere wurde zum Schutz vor Unheil an Türen und Wände gestrichen.
  Später erfuhr dieser Brauch im Zusammenhang des Exodus eine Uminterpretation (Ex 12).
- Zum anderen verweist das Osterlamm auf den *großen Versöhnungstag* zurück (Lev 16), an dem der Hohepriester die Sünden des Volkes symbolisch auf einen Bock übertrug („Sündenbock") und diesen anschließend „in die Wüste schickte".

Alle drei Inhaltsmomente „Schutz", „Befreiung", „Schuldübernahme und Lossprechung" wurden auf den leidenden und auferstehenden Christus übertragen. „Seht das Lamm Gottes, das hinwegnimmt die Sünden der Welt", sagt Johannes der Täufer mit Blick auf Jesus (Joh 1,29). Viele Abbildungen zeigen darum Christus als Lamm, das seine Siegesfahne am Kreuz trägt (= Überwindung von Sünde und Tod).

### Osterwasser

Auch hier durchdringen sich heidnisches Brauchtum und christliche Symbolsprache:

Wasser, am frühen Ostermorgen aus einer Quelle oder einem Fluss schweigend geschöpft, soll Schönheit und Gesundheit bewirken. „Das Wasser ist Christi Blut, ist für allen Schaden gut", heißt es in einem Osterreim. Das anschließend in der Kirche geweihte Wasser behält das ganze Jahr seine Wirkung. Es wurde gegen Schimmel und Ungeziefer und zur Vermehrung des Vieh- und Ackersegens verwendet. – Im Osterwasser lebt der Gedanke weiter, der auch in der Taufe wirksam ist: Wasser belebt und reinigt, erneuert und heilt.

### Osterfeuer / Osterkerze

Seit dem 8. Jahrhundert beginnt die Liturgie der Auferstehungsfeier mit der Weihe des Feuers, einem alten Sonnensymbol. An ihm wird die Oster-kerze entzündet und feierlich in den dunklen Kirchenraum getragen. Feuer und Kerze deuten symbolisch den Sieg Christi als des Lichtes der Welt über die Mächte der Finsternis.

Nach katholischer Tradition ist die Osterkerze mit dem Kreuz, den Alpha- und Omegazeichen am Fuß- und Kopfende des Kreuzes, der Jahreszahl und fünf Weihrauchkörnern als Hinweiszeichen auf die fünf Wunden Christi geschmückt. Die Osterkerze dient zugleich als Taufkerze und erinnert an den lange Zeit singulären Tauftermin in der Osternacht.

## 2. Literatur zum Thema

– K.-H. Bieritz, *Das Kirchenjahr*. Feste, Gedenk- und Feiertage in Geschichte und Gegenwart, C.H. Beck, München 1988[2], S. 77ff.116ff. 125ff

– Evangelisches Missionswerk in Deutschland, Hg., *Ostern hier und anderwo*. Ein Arbeitsheft für Schülerinnen und Schüler der vierten bis zur neunten Klasse, Hamburg 1998

– H. Kirchhoff, *Christliches Brauchtum im Jahreskreis*, Kösel, München 1990, S. 117ff

– Th. Schnitzler, *Kirchenjahr und Brauchtum neu entdeckt*. In Stichworten, Übersichten und Bildern, Herder, Freiburg/Basel/Wien 1977/89, S. 30f

*Weitere Anregungen* auch zur Oster-Freiarbeit enthalten:

– J. Bott u.a., *Ostereier mit Pflanzen färben und verzieren*, Frech, Stuttgart 1994

– J.-M. Cornakec, *Kleine serbische Ostereierfibel*, Domowina, Bautzen 1996[3]

– S. Lohf, *Has, Has, Osterhas*, Otto Maier, Ravensburg 1987

– D. Steinwede / I. Ryssel, *Ostern spielen und erzählen*, Gütersloher Verlagshaus, Gütersloh 1997

– M. Weiß, *Mit Kindern basteln: Osterschmuck*, Englisch, Wiesbaden 1991

– K. Zechlin, *Osterbasteln für groß und klein*, Frech, Stuttgart 1990[5]

## 3. Bezüge zu *Religionsunterricht praktisch*

### Hauptbezüge

– Band 2, S. 149ff bes. S. 155 („Beispiele neuen Lebens im Osterbrauchtum")

### Nebenbezüge:

– Band 1, S. 133 („Das Weizenkorn ist ein Zeichen für Ostern")
– Band 4, S. 120ff („Tod und Auferstehung Jesu: Leben wird es geben")

## 4. Erläuterungen zu den Freiarbeits-Vorschlägen

Die Vorschläge setzen voraus, dass in einem 3./4. Schuljahr Ostern zuvor im gemeinsamen Unterricht thematisiert worden ist. Die Sch. kennen die Ostergeschichte(n) und sind in elementarisierter Form mit der Bedeutung des Osterbrauchtums vertraut.

L. hat rechtzeitig vor Beginn der Freiarbeit Sammelaufträge zum Thema „Osterbrauchtum" erteilt und sammelt selbst Beiträge aus (Kunden-)-Zeitschriften etc., um sie ggf. in die Arbeit einbringen zu können.

Freiarbeit zum Thema „Ostern" kann auch einschließen:
– Postkarten, geschmückt mit österlichen Motiven, herstellen.
– Kressesamen aussäen und damit eine „Osterwiese" gestalten; ausgeblasene, gefärbte Eier hineinlegen usw.

### Zu 5.2. Osterkerze (Beispiel)

### Zu 5.5 Bilder vom neuen Leben (a/b)

L. stellt den Text Lk 24 (Emmausgeschichte) aus einer Kinderbibel bereit.

### Zu 5.5 Bilder vom neuen Leben (b)

Der Holzschnitt von Karl Schmidt-Rottluff aus dem Jahr 1918 lebt von Kontrasten: einerseits die gebeugten, barfüßigen Jünger mit hängenden Schultern und Armen; Augen und Münder verschlossen und nach unten gewendet; die linke Hand der rechten Figur stützt sich auf eine Krücke; andererseits die Figur in der Mitte: ihre Haltung ist aufgerichtet, die offenen Augen schauen nach vorn; die abgewinkelte Hand wehrt ab/weist den Weg. Die Zentralfigur überragt spürbar die beiden anderen.

Licht und Schatten/Finsternis sind nicht nur arbeitstechnisch bedingt.

Einerseits gefährliche Zacken und Strahlen, den Weg säumend und in die Tiefe des Bildes weisend; andererseits die Strahlen der „schwarzen" Sonne, die auf die mittlere Figur zielen und sich in deren Strahlennimbus spiegeln.

### Zu 5.6. Ostermandala (Beispiel)

L. stellt den Text der Ostergeschichte aus *Religionsunterricht praktisch 4*, S. 205, bereit.

Ostern – Neues Leben aus dem Tod

## 5. Freiarbeitsvorschläge

## 5.1 Oster-Kartei     a) Oster-Ei

Ihr benötigt:
- Infokarte Oster-Ei (**M 1**)
- Karteikarte(n) blanko
- Buntstifte
- selbst gesammelte Bilder und Artikel zum Thema (Kunden-/ und Kinderzeitschriften)

Was euch
noch helfen
kann:
- Bücher zum Osterbrauchtum und mit Osterbasteleien aus der Bücherei entleihen

Arbeits-
vorschläge:
- Informiert euch über die Bedeutung der Ostereier.
- Schreibt auf die Karteikarte, was eure Mitschüler deiner/eurer Meinung nach über Ostereier wissen sollten.
- Gestaltet eure Karte mit passenden Motiven.
  Beschreibt möglichst genau unterschiedliche Techniken zum Färben von Eiern.
- Erfindet Rätsel, Geschichten, Gedichte, Spiele zum Thema „Oster-Ei" und schreibt sie auf Karteikarten. Verziert auch diese Karten mit Ostermotiven.

## 5.1 Oster-Kartei    b)  Osterhase

Infotext:  Hasen sind sehr fruchtbar: Eine Häsin kann viermal im Jahr Junge zur Welt bringen. Seine sprichwörtliche Fruchtbarkeit macht den Hasen zum Sinnbild des Lebens, das sich immer wieder erneuert. So verbindet das Ei und den Hasen dieselbe Symbolik (→ **M 1**).

Vor 300 Jahren (im 17. Jahrhundert) wurden beide Bilder – Hase und Ei – miteinander verbunden: Der Hase wurde zum österlichen „Eierbringer".

Übrigens: In früheren Zeiten (und in manchen Gegenden Deutschlands und Österreichs) spielten auch andere Tiere beim Bringen der Eier eine Rolle: Fuchs, Hahn, Kuckuck und Storch.

Ihr benötigt
neben dem
Infotext:
- Karteikarte(n), blanko
- Buntstifte
- selbst gesammelte Bilder und Artikel zum Thema (falls vorhanden: Bücher zum Osterbrauchtum)

Arbeits
vorschläge:
- Was hat der Hase mit Ostern zu tun?
- Legt eine Kartei mit euren Ergebnissen an.
  Gestaltet die Karte zum Thema passend.
- Welche Rätsel, Gedichte, Spiele fallen euch ein?

Ostern – Neues Leben aus dem Tod 25

## 5.1 Oster-Kartei     c) Osterkerze / Osterfeuer

Infotext:
Feuer erzeugt Wärme und Helligkeit – wie die Sonne. Darum hat man das Feuer immer auch als Symbol der Sonne angesehen.

In vorchristlicher Zeit entzündete man nach den langen dunklen Wintermonaten Frühlingsfeuer. Mit ihnen begrüßte man die Sonne.

Aus dem Frühlingsfeuer wurde das Osterfeuer (im 8. Jahrhundert). In der Osternacht wurde und wird es vor der Kirche entzündet. An der Flamme des Osterfeuers wird die Osterkerze entzündet und feierlich in den dunklen Kirchenraum getragen. Feier und Kerze sind Symbole: Christus ist das Licht der Welt. Er hat die Mächte des Todes und der Finsternis besiegt.

Nach katholischer Tradition ist die Osterkerze geschmückt: Auf ihr sind zu sehen: das Kreuz, das Alpha- und Omegazeichen und fünf Weihrauchkörner als Hinweis auf die Wunden Christi.

Die Osterkerze dient zugleich als Taufkerze. Sie erinnert daran, dass lange Zeit nur in der Osternacht getauft wurde.

Arbeits-
vorschlag:     – Lege eine Karte mit den wichtigsten Informationen an: Gestalte die Karte.

## 5.1 Oster-Kartei   d) Osterwasser

Infotext: In manchen Gegenden gibt es folgenden Brauch:

Früh am Ostermorgen schöpfen Kinder und Erwachsene schweigend Wasser aus einer Quelle oder aus einem Fluss. Dieses Wasser soll Schönheit und Gesundheit bewirken. „Das Wasser ist Christi Blut, ist für allen Schaden gut", heißt es in einem Osterreim. Anschließend wird das Osterwasser in der Kirche geweiht. So soll es das ganze Jahr seine Wirkung behalten. Osterwasser wurde gegen Schimmel und Augenleiden, gegen Ungeziefer und zur Vermehrung des Vieh- und Ackersegens verwendet.

Im Osterwasser lebt der Gedanke weiter, der auch in der Taufe wirksam ist: Wasser belebt und reinigt, erneuert und heilt.

Arbeits-
auftrag:   – Lege eine Karte mit den wichtigsten Informationen an: Gestalte eine Karte.

Ostern – Neues Leben aus dem Tod  **27**

## 5.2 Osterkerze

Ihr benötigt:
- Eine dicke, nicht zu hohe Kerze
- Verzierwachs (Wachsplatten)
- Scheren / Messer
- Schneidunterlagen

Arbeitsvorschläge:
- Denk dir zunächst Motive aus, die zu Ostern passen. Male sie auf ein Blatt vor.
- Das Motiv, das dir besonders gut gefällt, gestalte in Wachs. Dazu hast du zwei Möglichkeiten:

    a) Du schneidest die Umrisse deines Bildes aus den Wachsplatten aus, legst sie auf die Kerze und drückst sie fest an (durch Druck und Körperwärme haften die Wachsplättchen auf der Kerze).

    b) Du drehst Wachsstreifen zu dünnen Würstchen. Mit den Würstchen legst du dein Bild auf die Kerze und drückst die Teile vorsichtig an.

- Bereitet zu mehreren einen Ostertisch oder eine Osterlandschaft vor mit:
    ... euren geschmückten Kerzen.
    ... farbigen Tüchern.
    ... Zweigen / Blüten (wählt vor allem Beispiele aus der Natur, die mit neuem, beginnenden Leben zu tun haben).

## 5.3 Osterlieder

Du benötigst:
- Osterlieder (**M 2a – 2c**)
- Orff-Instrumente
- Gymnastikbänder oder bunte Chiffontücher

Arbeits-
vorschläge:
- Wählt eines der Lieder aus.
- Denkt euch Bewegungen oder Gesten zu dem Lied aus.
- Findet neue Strophen.
- Wählt Orff-Instrumente aus und begleitet mit ihnen das Lied / den Refrain (vielleicht steigert ihr von Strophe zu Strophe die Zahl der Instrumente).

Ostern – Neues Leben aus dem Tod

## 5.4 Das Weizenkorn stirbt – neues Leben wird geboren

Du benötigst
außer dem
Bibeltext:
- Weizenkörner
- Wolle (versch. Farben)
- Teppichfliesen
- Pflanzschale mit Blumenerde

„Ein Weizenkorn ruht tief in der Erde.
Winzig ist das Korn,
wie ein Stein unter Steinen.
Dunkle Nacht hüllt das Korn ein.
Es ruht dort wie in einem Grab.
Das Korn muss sterben.
Aber aus dem sterbenden Weizenkorn
bricht ein neuer Halm hervor.
Das Korn muss sterben,
damit neues Leben werden kann.
Das neue Leben
drängt aus der Dunkelheit zum Licht.
Der Halm wird wachsen und neue
Körner tragen.
Jesus sagt:
‚Wenn das Weizenkorn in die Erde fällt
und stirbt,
entsteht viel Frucht aus ihm!'"
(Johannes 12,24)

Arbeits-
vorschläge:
- Nimm ein einzelnes Weizenkorn in die Hand und beobachte es ganz genau (Form / Farbe / Festigkeit ...).
- Lege eine Karteikarte mit einem Bild des Weizenkorns und deinen Beobachtungen an.
- Weiche Weizenkörner in warmem Wasser ein (24 Stunden) und beobachte.
- Pflanze Weizenkörner in eine Pflanzschale mit Blumenerde und verfolge die weitere Entwicklung. Schreibe auf und ergänze von Zeit zu Zeit, was du siehst.
- Lege ein / mehrere Wollfadenbild(er) zum Thema: „Das Weizenkorn muss sterben, damit neues Leben entsteht."
- Sammle Bilder und Nachrichten, die euch zeigen, wie etwas vergehen / „sterben" muss, damit Neues geboren werden kann.
- Schreib die Weizenkorngeschichte zu einer Geschichte um, mit der Jesus seine Jünger tröstet, als sie erfahren, dass er sterben muss.
- Schreibe den Satzanfang weiter: „Jesus, du bist wie das Weizenkorn ..."

## 5.5 Bilder vom neuen Leben (a)

Klebe hier das Farbbild **FM 1** ein.

*(Th. Zacharias, Gang nach Emmaus)*

Arbeits-
vorschläge:
- Beschreibe das Bild (Farben, Bildaufbau …).
- Überlege, warum der Maler diese Farben gewählt hat und was sie bedeuten können.
- Lies die Emmaus-Geschichte.
- Ordne Sätze den einzelnen Teilen des Bildes zu.
- Gestalte die Umrisszeichnung (**M 3**) mit Farben deiner Wahl.

Ostern – Neues Leben aus dem Tod  31

## 5.5. Bilder vom neuen Leben (b)

Arbeits-
vorschläge:
- Lest die Emmaus-Geschichte.
- Schaut euch das Bild genau an, achtet auf Körperhaltung und Gesichtsausdruck. Beschreibt, wie die Menschen fühlen.
- Stellt das Bild dar und spielt es pantomimisch weiter.
  Achtet auch auf Gesichtsausdruck und Haltung.
- Fertige eine vergrößerte Kopie des Bildes an, schneide die Jünger heraus und gestalte sie neu.

## 5.6 Ostermandala aus Naturmaterialien

Ihr benötigt:
- Moos
- kleine Steine / Kies
- Gräser
- Blätter
- Blüten
- ausgeblasene Eier
- kleine Zweige
- Stroh etc.
- Kerze(n) / Teelicht(er)

Arbeits-
vorschläge:
- Lest die Ostergeschichte noch einmal aufmerksam durch. Bedenkt dabei: Auferstehung bedeutet auch: *Das Leben* wird *neu*.
- Legt zur Ostergeschichte und dem Bild vom neuen Leben ein Mandala aus Naturmaterialien.

# Infokarte Oster-Ei

**M 1**

Eier sind bei vielen Völkern Sinnbild des Lebens und der Lebenserneuerung: Aus dem Ei kommt das neue Leben, schlüpfen Küken und junge Vögel hervor.

Dieses Bild des neuen Lebens haben Christen schon früh auf Ostern übertragen. Das Ei mit zerbrechlicher Schale, aus dem neues Leben kommt, wird zum Gleichnis der Auferstehung Jesu. Ein alter Osterspruch sagt:

> „Wie der Vogel aus dem Ei gekrochen,
> also hat Christus das Grab zerbrochen."

Häufig wurden Eier auch den Toten als Grabbeigaben mitgegeben.

*Eierfärben:* Schon im Mittelalter (frühes 13. Jahrhundert) wurden Eier bemalt. Die bevorzugte Farbe war Rot. Sie könnte auf das Blut und die Passion Jesu hinweisen, aber auch auf die Ostersonne und die Freude über das neue Leben.

Seit dem 17. Jahrhundert werden Ostereier auch kunstvoll verziert, beschriftet oder mit kleinen Gemälden versehen.

Ausgeblasene Eier werden beklebt, gebatikt, in Wachs getaucht oder mit Pflanzen beklebt.

*Eierverstecken:* Schon unsere Vorfahren, die Germanen, „versteckten" Eier: Sie pflügten sie beim Bestellen des Ackers im Frühjahr mit unter oder legten sie in die Furchen. Die im Ei schlummernden Kräfte sollten den Ertrag des Feldes günstig beeinflussen.

## Osterlieder

**M 2a**

Text: Wilhelm Willms
Melodie: Ludger Edelkötter

### Alle Knospen springen auf

2. Alle Menschen auf der Welt fangen an zu teilen,
   Alle Wunden nah und fern fangen an zu heilen.
   Menschen teilen – Wunden heilen.
   Knospen blühen – Nächte glühen.

3. Alle Augen springen auf, fangen an zu sehen.
   Alle Lahmen stehen auf, fangen an zu gehen.
   Augen sehen – Lahme gehen.
   Menschen teilen – Wunden heilen.
   Knospen blühen – Nächte glühen.

4. Alle Stummen hier und da fangen an zu grüßen.
   Alle Mauern tot und hart werden weich und fließen.
   Stumme grüßen – Mauern fließen.
   Augen sehen – Lahme gehen.
   Menschen teilen – Wunden heilen.
   Knospen blühen – Nächte glühen.

*(Nr. 50010, aus: Weil du mich so magst [IMP 1036], Wir sind Kinder dieser Erde [IMP 1045], Weißt du wo der Himmel ist [IMP 3001], alle Rechte Impulse Musikverlag Ludger Edelkötter, 48317 Drensteinfurt)*

Ostern – Neues Leben aus dem Tod 35

## Osterlieder

**M 2b**

Text u. Melodie:
Dietrich Petersmann

### Augen hast du mir gegeben

entsprechend: Ohren, Lippen, Menschen, Tiere, Blumen ...

Schluss: Einer: Freunde hast du mir gegeben. – Herr, ich danke dir.
Alle: Ja, Freunde brauchen wir zum Leben. – Herr, wir danken dir.

(aus: Kinderbibelwoche: „Ich bin einmalig", Ev. Bildungswerk, Berlin 1979)

Text u. Melodie: M. G. Schneider

**M 2c**

### Eine freudige Nachricht

(Rechte beim Autor)

## Bildkarte: Bilder vom neuen Leben

**M 3**

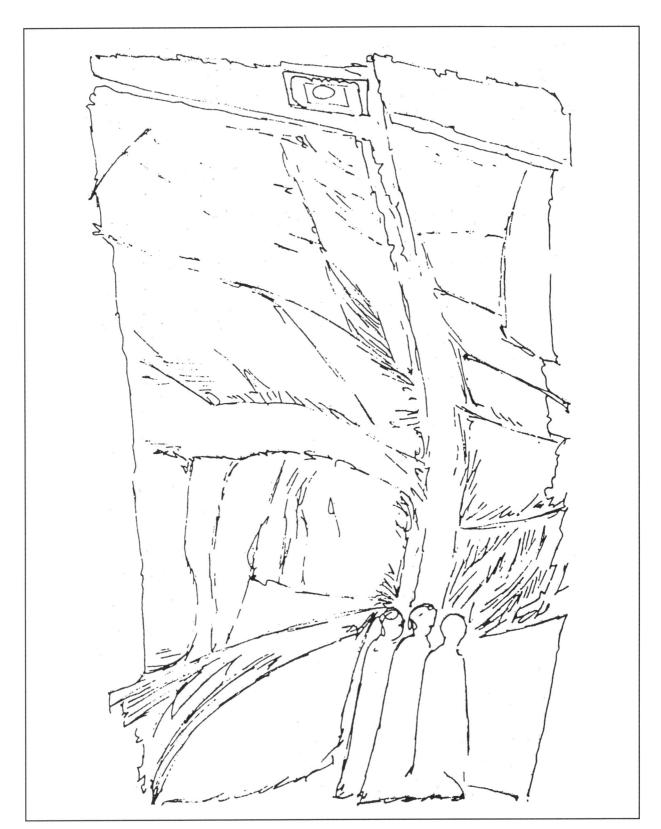

# B  Die Schöpfung mit allen Sinnen erspüren

Mit allen Sinnen

Parcours der Sinne

Wie die Schöpfung klingt

Orff-Musik zum Schöpfungslied der Priester

Vom Chaos zur Ordnung

Ein Künstler deutet die Schöpfungsgeschichte

Die Schöpfung bewahren

Schöpfungserzählungen aus aller Welt

# 1. Thematisches Stichwort

Ein Indianer besuchte einen weißen Mann. In einer Stadt zu sein – mit dem Lärm, den Autos und den vielen Menschen – all dies war ganz neuartig und auch verwirrend für ihn. Die beiden Männer gingen die Straße entlang, als plötzlich der Indianer seinem Freund auf die Schulter tippte und ruhig sagte: „Hörst du auch, was ich höre?" Der Freund horchte und sagte: „Alles, was ich höre, ist das Hupen der Autos und das Rattern der Omnibusse." „Ich höre ganz in der Nähe eine Grille zirpen." „Du musst dich täuschen; hier gibt es keine Grillen. Und selbst wenn es eine gäbe, würde man ihr Zirpen bei dem Lärm nicht hören."

Der Indianer ging ein paar Schritte und blieb vor einer Hauswand stehen. Wilder Wein rankte an der Mauer. Er schob die Blätter auseinander – und da saß tatsächlich eine Grille. Der Weiße sagte: „Indianer können eben besser hören als Weiße." Der Indianer erwiderte: „Da täuschst du dich. Ich will es dir beweisen." Er warf ein 50-Cent-Stück auf das Pflaster. Es klimperte auf dem Asphalt und die Leute, die mehrere Meter entfernt gingen, wurden auf das Geräusch aufmerksam und sahen sich um. „Siehst du", sagte der Indianer, „das Geräusch, das das Geldstück gemacht hat, war nicht lauter als das der Grille. Und doch hörten es viele der weißen Männer. Der Grund liegt darin, dass wir alle stets das Gute hören, worauf wir zu achten gewohnt sind.

*(P. Musall, Hg., Gottes Schöpfung – uns anvertraut. Geschichten, Gedichte, Berichte und Lieder, Burckhardt-haus-Laetare/Christophorus, Offenbach/Freiburg 1986, S. 8)*

Ich verstehe die kleine Erzählung nicht als weltfremden Aufruf, Autos und Maschinen aus unserer Welt zu verbannen, sondern als Einladung, unsere Sinne neu zu schärfen, auch die leisen Töne, Bilder und Worte wahrzunehmen und unsere Werte-Prioritäten zu überdenken.

Die folgenden acht Bausteine wollen – entsprechend einem ganzheitlichen Schöpfungsverständnis – ganz unterschiedliche Facetten des Themas aufzeigen und verschiedenen Interessen und Begabungen Raum geben.

Dem einen wird sich mehr die sinnlich-kreatürliche Dimension des Themas erschließen, während andere das Schöpfungslob in und mit den Mitteln der Musik und des Tanzes entdecken und wieder andere nach realistischen Wegen zur Bewahrung der Schöpfung Ausschau halten und sie erproben oder dem Thema in den Mythen der Völker nachspüren wollen.

Menschen sind im Verständnis der Bibel nicht Herren der Schöpfung, sondern – mit Tieren, Pflanzen und den Elementen – ein Teil im sensiblen Gefüge der guten Schöpfung Gottes. Sie gilt es um der Zukunft unserer Kinder willen zu bebauen und zu bewahren.

Wer mit dem Indianer (s.o.) auch durch den Lärm der Städte das Zirpen der Grillen vernimmt, wer mit Franz von Assisi das Staunen über das Spiel der Fische (EG 515, 5) und mit Paul Gerhardt über „Narzissus und die Tulipan" (EG 503, 2) lernt, wird Sympathie für diese Erde entwickeln, an ihrer Erhaltung arbeiten und darin Gott loben.

# 2. Literatur zum Thema „Schöpfung"

– Chr. Vorholt, Bausteine Kindergarten. Sammelband 1, Bergmoser & Höller, Aachen 1989
– G. Faust-Siehl u.a., *Mit Kindern Stille entdecken*, Diesterweg, Frankfurt/M. 1992
– A. Matthews/S. Moxley, *Vom Anfang der Welt. Schöpfungsgeschichten der Völker*, Altberliner, Berlin/München 1996

– M. Musall, Hg., *Gottes Schöpfung – uns anvertraut* (Reihe 8-13), Burckhardthaus-Laetare/ Christophorus, Offenbach/Freiburg 1986
– H. Schreier, Hg., *Kinder auf dem Wege zur Achtung vor der Mitwelt*, Agentur Dieck, Heinsberg 1992
– Vgl. auch die Literaturhinweise in *Religionsunterricht praktisch 1*, S. 140 und *4*, S. 13

Die Schöpfung mit allen Sinnen erspüren 39

## 3. Bezüge zu *Religionsunterricht praktisch*

– Band 1, S. 139ff („Gottes Schöpfung entdecken: Staunen – danken – loben")
– Band 4, S. 11ff („Schöpfung als Geschenk und Aufgabe: In Gottes Händen ist das Leben geborgen")

## 4. Erläuterungen zu den Freiarbeits-Vorschlägen

*Eine* Bezugsgröße für die Realisierung der Freiarbeit zum Thema „Schöpfung" ist ein gemeinsamer *Natur-Spaziergang*. Dabei sammeln die Sch. unter Beachtung des Auftrags: „Sammelt das, was *euch wichtig* ist!", z.B.
– herabgefallene Zweige
– Blätter
– Früchte
– Gräser
– Federn
– Steine
– Wurzeln
– Rinde usw.

Da *ein* Ziel der Arbeit die Einübung in den schonenden Umgang mit den Dingen der Schöpfung ist, sollte nach Möglichkeit nichts abgepflückt oder ausgerissen werden!

In der Klasse wird die Arbeit im *Sitzkreis* fortgesetzt. Die Sch. haben Gelegenheit, ihre Fundstücke unbeobachtet in eine *Tastkiste* („Schatzkiste") zu legen und von ihren MitschülerInnen erfühlen und erraten zu lassen. Ein gemeinsames Gespräch über die Bedeutung des individuell ausgewählten Gegenstandes („Warum mir ... wichtig ist") schließt sich an.

### Zu 5.1

*Hinweise zur Herstellung der Blackbox:*
In die Vorderseite eines Schuhkartons (mit Deckel) o.ä. ein faustgroßes Loch schneiden, sodass eine Hand hindurchpasst. Karton und Deckel mit schwarzer Pappe / Stoff auskleiden. Sichtblende aus Stoff von innen vor die Öffnung kleben. Box mit Tastmaterial füllen. Vermutete Inhalte aufschreiben lassen. Box öffnen und Ergebnisse vergleichen.

### Zu 5.2

*Hinweise zur Herstellung der Riechdöschen:*
Kleines Loch in den Deckel der Filmdöschen bohren. Duftende Substanzen (z.B. Zitronenmelisse, Pfefferminze, Rosenblätter ...) jeweils in ein Döschen füllen; ätherische Öle und andere flüssige Riechstoffe auf Watte träufeln; Löcher mit Tesastreifen verschließen; Döschen mit Zahlen markieren; Protokollblatt vorbereiten.

### Zu 5.5

Märchenwolle bieten viele Waldorfläden an.

## Zu 5.6 (b). Ein Künstler deutet die Schöpfungsgeschichte

## Zu 5.6 (c): Sieger Köder

Das Bild ist auch enthalten in:
- Kinderbibel mit Bildern von Sieger Köder, Katholisches Bibelwerk, Stuttgart 1995, S. 11
- als Dia Nr. 3 in der Diaserie: Bilder zum Alten Testament, Schwabenverlag

*Zum Bildinhalt:*
Gott ist wie eine Hand.
Eine Hand, die in unvorstellbarer
Großzügigkeit die ganze Schöpfung
in die eigene Freiheit entlässt.
Natürlich mit all ihren Folgen.
Aus einem Uranfang, einem
glühenden Atomkern ähnlich,
entwickelt sich unsere Erde.
Aus geheimnisvollen Wassertiefen
entstehen Gestein und Versteinerungen
(wie das Juragebirge bei Wasseralfingen),
Schnecken, Muscheln, Wiesen und Äcker,
wundervolle Früchte wie Weintrauben.
Und als Botschaft der Liebe: Rosen;
dann eingebettet zwischen Morgenrot
links und leuchtender Nacht rechts
der Mensch – als Mann und als Frau.
Sie sind einander zärtlich zugewandt,
berühren sich wie ein Geheimnis.
Aber mitten in ihrer geliebten Welt
die Schlange, das verderbliche Gift.
Von Anfang an war also der „Wurm" drin!
Wir müssen mit dem Bösen rechnen.
Doch stärker als alle Macht des Bösen
ist die Kraft der Liebe.
Woher kommen wir? Wohin gehen wir?
Der christliche Glaube bekennt: Wenn
eines Tages ich selber oder die Welt
in einen Abgrund stürzen sollten,
dann ist eines gewiss:
Auf dem Grund dieses Abgrunds wartet
die unendlich gütige Hand Gottes.
Sie fängt uns auf. Sie rettet uns.
In Gottes Hand kehren wir zurück.

*(Theo Schmidkons, SJ)*

## Zu 5.7

In eine Tabelle können z.B. als Eigenbeitrag zur Bewahrung der Schöpfung Vorschläge wie die folgenden eingetragen werden:
- keinen Müll hinterlassen / Müll vermeiden
- den Schulweg zu Fuß gehen
- ein Bäumchen pflanzen und pflegen etc.

Beispiel für ein Schöpfungsmandala aus Naturmaterialien:

## 5. Freiarbeitsvorschläge

## 5.1 „Mit allen Sinnen"

Ihr benötigt:
- kleine Äste / Zweige
- Blätter
- Federn
- Gräser
- Steine
- Schuhkarton
- Schere
- Klebe
- Wurzeln
- Rinde
- Bucheckern und andere Früchte etc.

Arbeits-
vorschläge:
- Stellt aus den Materialien eine / mehrere Tastkiste(n) / Fühlkiste(n) her.

*oder*

- verarbeite die Dinge zu einem Naturwebrahmen, einem Diorama, einem Tastmandala oder zu einer Naturcollage

*oder*

- bereitet mit den Naturprodukten eine kleine Ausstellung vor.

Die Schöpfung mit allen Sinnen erspüren

## 5.2 „Parcours der Sinne"

Ihr benötigt:
- Kassette mit Geräuschen oder selbst Geräusche mit Kassettenrekorder aufnehmen
- Döschen (Filmdöschen)
- Watte
- Duftstoffe
- Blüten
- Becher-Lupe

Arbeitsvorschläge:
- Baut mit den Materialien für eure Mitschüler einen „Parcours der Sinne". Denkt euch sinnvolle Aufgaben aus.
- Welche „Sinne" sollen noch in eurem „Parcours" berücksichtigt werden?

## 5.3 Wie die Schöpfung klingt

Ihr benötigt:
- Kassette mit einem Musikausschnitt aus „Peer Gynt"
- Kassetten-Rekorder
- Chiffon-Tücher oder farbige Bänder
- Malstifte / farbige Kreide
- Text (**M 1**)

Arbeitsvorschläge:
- Hört die Musik an und setzt sie zum Schöpfungslied der Priester in Beziehung. (An welchen Teil der Schöpfungsgeschichte erinnert dich dieses Musikstück?)
- Setzt mit Chiffon-Tüchern oder Bändern im Tanz die Morgenstimmung in „Peer Gynt" choreografisch um.
- Legt mit Tüchern und Farben den Weg vom Ungeordneten zum Geordneten, vom Chaos zum Kosmos. Musik kann euer Bild begleiten.
- Malt zur Musik.

## 5.4 Orff-Musik zum Schöpfungslied der Priester

Ihr benötigt
- Text (**M 1**)
- Orff-Instrumente oder eine andere kindgemäße Instrumentensammlung

Arbeitsvorschläge:
- Lest den Text mit dem Schöpfungslied der Priester noch einmal.
- Überlegt gemeinsam, wie ihr jeden einzelnen Schöpfungstag mit Instrumenten darstellen könnt.
- Notiert auf dem Arbeitsblatt (**M 2**), welche Instrumente ihr verwenden wollt und wer sie spielt.
- Jetzt musiziert gemeinsam. Es beginnt mit dem ersten Schöpfungstag. Die Werke des zweiten Schöpfungstages kommen dazu. Dann …
Am siebten Schöpfungstag lasst ihr die Fülle der ganzen Schöpfung erklingen.

(Es können 7–10 Kinder teilnehmen.)

## 5.5 Vom Chaos zur Ordnung

Ihr benötigt:
- Farbige Tücher (verschiedene Formate und unterschiedliche Farben)
- Märchenwolle
- Text (**M 1**)

Arbeitsvorschläge:
- Ihr sollt mit den Tüchern und der Märchenwolle ein Legebild zum Schöpfungslied der Priester entwerfen.
- Beginnt mit dem Ausbreiten eines dunklen Tuches.
- Ein Sch. liest langsam den Text in Textausschnitten (Tage) vor.
- Mit der Märchenwolle gestaltet ihr die einzelnen Tage. (Erst wenn ein Tag fertig gelegt ist, lest und legt bitte weiter.)
- Vielleicht legt ihr Textabschnitte zu den einzelnen Bildern eures Legebildes.

Die Schöpfung mit allen Sinnen erspüren

## 5.6 Ein Künstler deutet die Schöpfungsgeschichte (a)

Klebe hier das Farbbild **FM 2** ein.

*(Thomas Zacharias, Schöpfung)*

Arbeits-
vorschläge:
– Schaut das Bild sehr genau an (Farben / Strukturen / Details / Wo beginnt
das Bild? ...)
– Beschreibt es ...
– Vergleicht es mit Genesis 1 – Schreibt an den Rand, wo ihr Parallelen seht.

## 5.6 Ein Künstler deutet die Schöpfungsgeschichte (b)

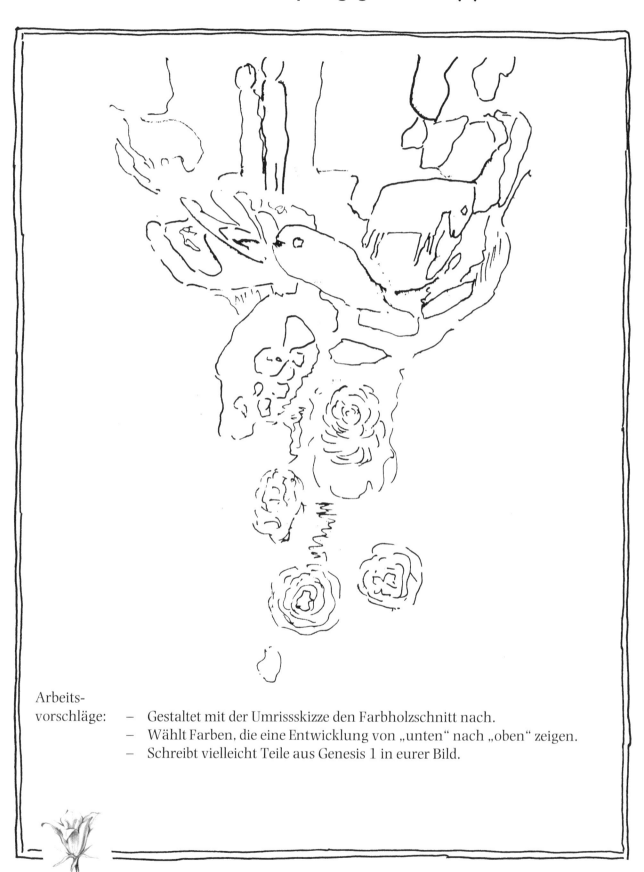

Arbeits-
vorschläge:
- Gestaltet mit der Umrissskizze den Farbholzschnitt nach.
- Wählt Farben, die eine Entwicklung von „unten" nach „oben" zeigen.
- Schreibt vielleicht Teile aus Genesis 1 in eurer Bild.

Die Schöpfung mit allen Sinnen erspüren

## 5.6 Ein Künstler deutet die Schöpfungsgeschichte (c)

Klebe hier das Farbbild **FM 3** ein

*(Sieger Köder, Schöpfung)*

Arbeits-
vorschläge:
- Schau dir das Bild genau an.
- Schreib auf, was du siehst.
- Gib dem Bild einen Titel.
- Überlege, was aus Gottes guter Schöpfung geworden ist? Was haben wir daraus gemacht?
- Entwerft als Gemeinschaftsarbeit eine Collage (Zeitungen / Worte aus Zeitungen / Bilder / eigene Bilder ...).
- Schreibt ein Cluster.

## 5.7 Die Schöpfung bewahren (a)

Arbeitsvorschläge:
- Beschreibe das Bild.
- Was will dir der Zeichner mitteilen?
  (Tipp: Überlege: Wie war es vorher? Wie kam es dazu?).

Die Schöpfung mit allen Sinnen erspüren

## 5.7 Die Schöpfung bewahren (b)

Arbeitsvorschläge:
- Gestalte ein Gegenbild (mit Naturmaterialien / Märchenwolle etc.).

*oder*

- Schneide die Bildmitte (Bank mit Paar) aus und klebe sie auf ein DIN-A 3-Blatt. Male um diese Mitte ein neues Bild.

*oder*

- Spiele, wie es anders (besser) sein kann.
- Mache dir Gedanken, was du zur Bewahrung von Gottes Schöpfung beitragen kannst. Finde Tipps für Groß und Klein.

## 5.8 Schöpfungserzählungen aus aller Welt

Ihr benötigt:    Text (**M 3 – 5**)

Arbeits-
vorschläge:    – Findet heraus, was für die Erzähler jeweils am wichtigsten ist.
             – Lassen sich die Hauptaussagen in Bildern darstellen?
             – Gibt es etwas, das allen Erzählungen gemeinsam ist?
             – Vergleicht abschließend noch einmal mit dem Schöpfungslied der Priester.

**M 1**

# Genesis 1: Das Schöpfungslied der Priester

Am Anfang schuf Gott Himmel und Erde. Die Erde war wüst und leer. Finsternis lag über der Urflut und der Geist Gottes schwebte auf dem Wasser. Gott sprach: „Es werde Licht!" Und es wurde Licht. Gott sah, dass das Licht gut war. Gott schied das Licht von der Finsternis und nannte das Licht Tag und die Finsternis Nacht. Aus Abend und Morgen wurde der erste Tag.

Gott sprach: „Ein Gewölbe soll entstehen, das die Wassermassen trennt" und machte ein Gewölbe und trennte das Wasser über dem Gewölbe von dem Wasser unterhalb des Gewölbes. Das Gewölbe nannte er Himmel. Aus Abend und Morgen wurde der zweite Tag.

Dann sprach Gott: „Das Wasser unterhalb des Himmelsgewölbes soll sich an einem Ort sammeln, damit das Land sichtbar wird." Und es geschah so. Das trockene Land nannte Gott Erde und das Wasser nannte er Meer. Und Gott sah, dass es gut war. Er sprach: „Die Erde soll grün werden, alle Arten von Pflanzen sollen darauf wachsen und Samen und Früchte tragen!" Und es geschah so. Aus Abend und Morgen wurde der dritte Tag.

Dann sprach Gott: „Lichter sollen am Himmelsgewölbe leuchten, um Tag und Nacht voneinander zu scheiden." Und Gott machte zwei große Lichter: die Sonne für den Tag und den Mond für die Nacht, dazu auch die vielen Sterne. Und Gott setzte sie an das Himmelsgewölbe, damit sie die Erde erleuchteten. Gott sah, dass es gut war. Aus Abend und Morgen wurde der vierte Tag.

Und Gott sprach: „Das Wasser soll wimmeln von Fischen und anderen Seetieren und unter dem Himmelsgewölbe sollen Vögel fliegen." Und Gott sah, dass es gut war. Gott segnete sie und sprach zu den Fischen und Vögeln: „Seid fruchtbar und vermehrt euch!" Aus Abend und Morgen wurde der fünfte Tag.

Und Gott sprach: „Das Land soll Leben hervorbringen: Vieh, Kriechtiere, Tiere des Feldes." Und es geschah so. Und Gott sah, dass es gut war.

Und Gott sprach: „Lasst uns Menschen machen als unser Abbild, uns ähnlich. Sie sollen über die Fische, die Vögel und die anderen Tiere herrschen." Gott schuf den Menschen nach seinem Bild. Er schuf ihn als Mann und Frau.

Gott segnete die Menschen und sagte zu ihnen: „Vermehrt euch! Füllt die Erde und macht sie euch zu eigen. Herrscht in Weisheit über Fische, Vögel und alle anderen Tiere, über Erde und Meere." Und Gott sah an, was er gemacht hatte: Es war sehr gut. Aus Abend und Morgen wurde der sechste Tag.

Am siebten Tag vollendete Gott sein Schöpfungswerk und ruhte von seiner Arbeit aus. Deshalb segnete er den siebten Tag und erklärte ihn für heilig.

# Arbeitskarte

**M 2**

| Das Schöpfungslied der Priester | Instrumente | Wer spielt was? |
|---|---|---|
| Am **ersten Tag** schuf Gott das Licht. Über der Erde wurde es ganz hell. Er nannte das Licht „Tag" und die Dunkelheit „Nacht". Und Gott sah, dass das Licht gut war. | | |
| Am **zweiten Tag** sprach Gott: „Über der Erde soll ein Himmel sein!" Und ein blauer Himmel leuchtete über der Erde und weiße Wolken zogen am Himmel dahin. Und Gott sah, dass es gut war. | | |
| Am **dritten Tag** sprach Gott „Alles Wasser soll weichen!" Das Wasser floss zusammen, das Land wurde trocken. Er ließ auf dem trockenen Land alles wachsen: Gras, Sträucher und Bäume. Und Gott sah, dass alles gut war. | | |
| Am **vierten Tag** sprach Gott: „Lichter sollen am Himmel stehen!" Da ging die Sonne strahlend über der Erde auf. Am Abend leuchtete der Mond hell und viele Sterne funkelten. Und Gott sah, dass es gut war. | | |
| Am **fünften Tag** sprach Gott: „Im Wasser sollen Fische leben und Vögel in der Luft!" Da wimmelte das Wasser von Fischen und Vögel flogen in großen Schwärmen vorbei. Sie erfüllten die Luft mit ihrem Krächzen und Zwitschern. Und Gott sah, dass es gut war. | | |
| Am **sechsten Tag** sprach Gott: „Auch auf dem Land sollen Tiere wohnen!" Er schuf große und kleine Tiere, flinke und lahme, wilde und zahme. Zuletzt aber schuf Gott das Wunderbarste: den Menschen. Gott schuf den Menschen nach seinem Bild. | | |
| Gott sah auf alles, was er gemacht hatte: Es war alles sehr gut. Am **siebten Tag** aber ruhte Gott. Gott segnete diesen Tag und sprach: „Dieser Tag soll mein Tag sein. Alle Arbeit soll ruhen an diesem Tag." | | |

Die Schöpfung mit allen Sinnen erspüren

# M 3

# Textkarte

## Aus Babylonien

Als Himmel und Erde noch nicht waren, lagen vermischt *Apsu* (das süße Wasser) und *Tiamat* (das salzige Wasser). Daraus entstanden *Lachmu* und *Lachamu*. Danach entstanden die Götter. Darunter *Ea*, der Herr der Erde.

Die Götter versuchen, Apsu zu überwältigen. Tiamat aber half Apsu und beschloss, die Götter zu vernichten. Ea aber sprach eine Zauberformel und Tiamat und Apsu wurden schwach. Zusammen mit Lachamu erzeugte Ea den Gottmenschen *Marduk*, der vier Augen und vier Ohren hatte.

Tiamat aber sann auf Rache, sammelte alle Ungeheuer und zog gegen Ea in den Kampf. Ea wurde zusammen mit den Göttern besiegt. Nun wandten sich die Götter an Ea und baten ihn, Marduk zu überreden, mit ihnen in den Kampf gegen Tiamat zu ziehen ...

Nach einem heftigen Kampf wurde Tiamat besiegt. Marduk aber fesselte Tiamat und spaltete ihren Leib in zwei Hälften. Daraus schuf er Himmel und Erde ...

Aus dem Blut von *Kingu*, dem Gemahl der Tiamat, aber erschuf Marduk die Menschen.

## Textkarte

**M 4**

### Aus Papua – Neuguinea

Am Anfang gab es weder Land noch Berge, noch Menschen. Die Erdoberfläche war mit Wasser bedeckt. Es gab nur ein einziges Lebewesen, eine riesige Schildkröte, die langsam umherschwamm, bis sie den Wunsch verspürte, sich auszuruhen. Mit ihren mächtigen Flossen schaufelte sie Land vom Meeresboden nach oben. Nachdem sie lange geschaufelt hatte, erschien das erste Land auf der Wasseroberfläche. Dieses Land wuchs und wuchs, bis die Schildkröte schließlich hinaufkletterte und sich ausruhte. Als sie ausgeruht hatte, grub sie Löcher in den Boden, die größer waren als ein Haus und legte Eier hinein. Dann ging sie ein Stück weiter, grub wieder Löcher und legte wieder Eier hinein.

Nach einiger Zeit schlüpften die ersten Menschen aus den Eiern. Die allerersten Menschen, die hervorkamen, waren *Ivi Apo* und *Kerema Apo*. Der Ort, an dem sie erschienen, war das erste Land in der Welt. Der dritte Mensch war *Ovo Akore* und das heißt in der Sprache von Oroloko „rote Kokosnuss". Ovo Akore erschien nämlich zuerst als Mensch, verwandelte sich aber später in eine Kokospalmenart. Danach schlüpfte der vierte Mensch, *Ohara Akore*, was „schwarze Kokosnuss" bedeutet.

Ivi Apo und Kerema Apo lebten fortan bei der Kokospalme. Sie schlugen eine Lichtung rund um den Baum und lebten da. Sie erhielten nicht nur Speise und Trank von der Kokospalme, sondern auch Schutz, denn wenn es stürmte, blieb das Gebiet um die Kokospalme so trocken wie das Innere eines Hauses. Seit jener Zeit spenden Kokospalmen den Nachfahren von Kerema Apo und Ivi Apo Speise, Trank und Schutz.

Als ihre Aufgabe auf der Erde beendet war, verwandelten sich Kerema und Ivi in Sterne. Kerema, der erste Mann, verwandelte sich in den Abendstern.

Die Schöpfung mit allen Sinnen erspüren 55

# M 5

# Textkarte

## Aus Finnland

Viele Geister hausen in Fels und Strom, in Busch und Baum, große und kleine, gute und böse. *Ilmatar*, die Schöne, herrscht in der Luft, *Wellamo*, der Wilde, im Wasser, *Tuoni*, der Finstere, im Reich der Toten. Über ihnen allen aber ist *Ukko*.

Es war zu Anbeginn der Zeiten, da Sonne und Mond noch nicht schienen, kein Himmel sich wölbte und keine Erde Wasser und Winden Trotz bot. Nichts war als das brausende Meer und wallende Nebel über ihm. Da stürzte sich Ilmatar, die Herrin der Lüfte, aus der Höhe ins Meer hinab, ließ sich von den Wogen tragen und spielte mit ihren weißen Schaumkämmen.

Und ein Vogel, eine Wildente, kam geflogen, die suchte ein Plätzchen, wo sie sich niederlassen und ein Nest bauen könnte. Doch nichts sah sie ringsum als brausendes Meer und der Sturmwind zerrte und zauste ihre Flügel.

Ilmatar hob ihr Knie aus dem Wasser und die Ente schwebte herab und baute ihr Nest darauf. Als das Nest fertig war, legte sie sieben Eier hinein, sechs goldene und eines aus Eisen, und setzte sich brütend darauf.

Drei Tage brütete die Wildente und immer heißer wurde Ilmatars Knie, dass sie schließlich meinte, alle ihre Gelenke müssten verbrennen, alle Adern müssten ihr zerschmelzen.

Da schüttelte Ilmatar ihre Glieder, dass die sieben Eier ins Wasser fielen und in Stücke zerbrachen. Aber die Splitter versanken nicht in die Tiefe. Aus der unteren Hälfte des größten goldenen Eies wurde die runde Erde und aus der oberen Hälfte das hohe Himmelsgewölbe. Der gelbe Dotter begann als helle Sonne zu strahlen, und aus dem weißen wurde der sanft leuchtende Mond. Die vielen goldenen Splitter wurden Sterne am Himmel und die dunklen Eisensplitter graue Wolken. ...

Und die Erde brachte hervor Gras und Moos, Büsche, Tiere und Menschen.

# C Engel sind Hände Gottes

Schreibwerkstatt

Engel-Lieder

Gestalten

Engel-Bilder

Engel-Karteien

# 1. Thematisches Stichwort

Das *Relief des Gislebertus* (um 1125) aus der Kathedrale von Autun mit dem „Traum der Heiligen Drei Könige" (s. **FM 6**) ist eine Collage aus Mt 2,2 und 2,12. Es enthält wichtige Funktionen und Wesenszüge von Engeln:

*Engel*
– haben Botenfunktion,
– machen auf ein bedeutsames Geschehen aufmerksam,
– vermitteln eine neue Sicht – wo Menschen nur in eine Richtung blicken und menschliche Möglichkeiten an ihre Grenzen stoßen, kommen Engel ins Spiel,
– reden in die Stille von Nacht und Traum,
– verbinden Himmel und Erde (eine Hand weist nach oben, die andere nach unten),
– haben Flügel, d.h. sind nicht an Zeit und Raum gebunden, sind mobil,
– warnen (hier vor dem hinterlistigen Herodes),
– treten hinter ihrer Botschaft zurück,
– tragen menschliche Züge.

In einem Satz zusammengefasst: Engel sind Hände und Mund Gottes. – Wer einem Engel begegnet, begegnet Gott.

Die Weihnachtsgeschichte des Matthäus und Lukas bergen die *beiden Haupttypen biblischer Engel*:
– Engel als *Boten* Gottes (Lk 1,26ff; 2,10f; Mt 1,20; 2,12; 2,13ff; 2,19ff).
– Engel als *Diener* Gottes (Lk 2,13f) – Dieser Typus bildet den göttlichen Hofstaat (Jes 6,1ff); Gott zu loben gehört zu seinen Aufgaben (Ps 103,20f; 148,1f).
  Flügel sind die Attribute der Serafen und Cheruben.

Die zweite große Engeltradition im Neuen Testament enthalten die *Passions- und Ostergeschichten*:
– Ein Engel stärkt Jesus in der Nacht von Gethsemane (Lk 22,43).
– Engel deuten am Ostermorgen das leere Grab (Lk 24,4ff).
– Engel geben den trauernden Frauen eine neue Lebensperspektive und weisen Jünger in die Weltmission ein (Mt 28,7).

Engel begegnen schon im *Alten Testament*:
– Engel bewachen den Zugang zum Paradies (Gen 3,24).
– Engel („Drei Männer") kündigen Abraham an, dass Unmögliches möglich wird (Gen 18,1ff).
– Ein Engel fällt Abraham in den Arm, als dieser Isaak opfern will (Gen 22).
– Engel retten Lot und seine Frau aus dem brennenden Sodom (Gen 19,1ff).

Direkt oder indirekt sprechen von Engeln auch die *Psalmen*:
– Psalm 23 „Der Herr ist mein Hirte ... und ob ich schon wanderte im finstern Tal, fürchte ich kein Unglück, denn du bist bei mir, dein Stecken ..."
– Psalm 34 „Der Engel des Herrn lagert sich um die her, die ihn fürchten."
– Psalm 91 „Denn er hat seinen Engeln befohlen, dass sie dich behüten auf allen deinen Wegen."

Die Bibel setzt als *Mittler zwischen Gott und den Menschen* Engel wie selbstverständlich voraus. Sie sind Gottes Boten, sind Gottes Mund, Hände, Stimme = sind also Erscheinungs- und Begegnungsformen des Göttlichen. Doch sie tragen menschliche Züge. Sie begegnen Menschen in ihrer Alltagswelt. Ihre Funktionen sind:
– Mut machen,
– Hoffnung stiften,
– vom falschen Weg abbringen,
– aus verfahrenen Situationen heraushelfen,
– trösten und stärken, in Gefahren begleiten,
– sich in den Weg stellen,
– in Bewegung setzen.

C. Westermann nennt *zwei* unterschiedliche, *immer wiederkehrende Themen* der Engels-Botschaften:
– die Ankündigung der *Geburt eines Kindes* (z.B. Gen 16; 21; 2 Kön 4; Lk 1,28ff; 1,5ff).
– *die Befreiung von Unterdrückung und Not* (Ex 3,2).

Oft werden die göttlichen Boten erst im Rückblick als Engel erkannt. Nie sind sie Hauptfiguren, sondern *begleiten* das Geschehen Gottes unter den Menschen. Entscheidend ist nicht ihr

Aussehen (von dem nur selten die Rede ist), sondern die (innere) *Wirkung, die sie auslösen.* Nicht der Bote ist entscheidend, sondern seine Botschaft und deren göttlicher Absender.

Heute wie zu biblischen Zeiten ist Gott uns in seinen Engeln nahe, „winkt uns zu" (G. Ebeling), begegnet er uns in Worten und im Tun von Menschen. In seinem Gedicht „Es müssen nicht Männer mit Flügeln sein" beschreibt *Rudolf Otto Wiemer* verschiedene Weisen der heutigen Begegnung mit Engeln:
– „Vielleicht ist einer, der gibt dir die Hand ..."
– Er hat „dem Hungernden das Brot gebrochen ..."

– „Er hört, wenn du ihn rufst ..."
– „Er steht am Weg und er sagt: Nein."
– Tröstend, mahnend, helfend kann ein anderer Mensch zum Boten Gottes, zum Engel werden. James Krüss: „Jeder aber kann für jeden jederzeit Engel sein."

Von der tröstenden, stärkenden Kraft Gottes durch „gute Mächte" spricht auch D. Bonhoeffer in seinem Gedicht aus der Haft:

„Von guten Mächten wunderbar geborgen erwarten wir getrost, was kommen mag. Gott ist bei uns am Abend und am Morgen, und ganz gewiss an jedem neuen Tag."

## 2. Literatur zum Thema

– S. Berg, *Mit Engeln durchs Jahr*, Kösel/Calwer, München/Stuttgart 1998
– E. Domay, Hg., *Mein Engel hat immer Zeit für mich. Geschichten und Gedichte für Kinder*, Kaufmann, Lahr 1993
– Engel, (AV Religion CF 1053), Calig AV-Medien/Bernward, Hildesheim 1991
– W. Nigg / K. Gröning, *Bleibt, ihr Engel, bleibt bei mir ...*, Propyläen, Berlin 1993[8]
– S. Lieber, *Das kann ein Engel gewesen sein.* Erfahrungsorientierte Zugänge zur Symbolgestalt des christlichen Engelphänomens. Lehrerbegleitheft und Schülerarbeitsheft, Agentur Dieck, Heinsberg 1997

– RL 3/1987, Themenheft „Engel"
– ru intern – Korrespondenz für evangelische Religionslehrerinnen und -lehrer in Westfalen und Lippe, Nr. 3/95
– D. Steinwede, *Er sendet einen Engel vor dir her.* Geschichten und Bilder von den Boten Gottes, Patmos, Düsseldorf 1994
– J. Ströter-Bender, *Engel.* Ihre Stimme, ihr Duft, ihr Gewand und ihr Tanz, (Symbole), Kreuz, Stuttgart 1992[3]
– C. Westermann, *Gottes Engel brauchen keine Flügel*, K. Vogt, Berlin 1957
– G. Zimmermann, *Dem Geheimnis der Engel auf der Spur*, F. Bahn, Neukirchen-Vluyn 1998[2]

## 3. Bezüge zu *Religionsunterricht praktisch*

### Hauptbezüge

– Band 3, S. 58ff     („Weihnachten: ... und wohnte unter uns")

### Nebenbezüge

– Band 1, S. 52ff     („Der gute Hirte")
  S. 63ff     („Von Menschen, die sehen gelernt haben")
  S. 80ff     („Weihnachten: Licht in der Dunkelheit")
– Band 2, S. 11ff     („Wege gehen – Brücken bauen")
  S. 83ff     („Weihnachten: Unterwegs nach Bethlehem")
  S. 95ff     („Josef")
  S. 125ff     („Psalm 23: ... und ob ich schon wanderte im finstern Tal")
  S. 164ff     („Menschen gehen neue Wege")

Engel sind Hände Gottes     59

- Band 3, S. 74ff    („Mose: Gott führt und befreit")
          S. 165ff   („Miteinander leben: Türen öffnen zu Kranken ...")
- Band 4, S. 89ff    („Weihnachten: ... und Friede auf Erden")

## 4. Erläuterungen zu den Freiarbeits-Vorschlägen

### Zu 5.1 (a): Schreibwerkstatt

Beispiel:                           Variante:

    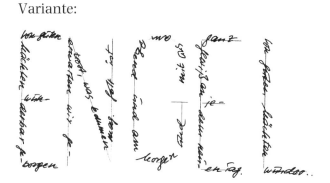

Vgl. Lieber, Das kann ein Engel gewesen sein. Schülerarbeitsheft, S. 15ff, s.o., 2. Literatur.

### Zu 5.1 (b): Schreibwerkstatt

### Zu 5.1 (d): Schreibwerkstatt

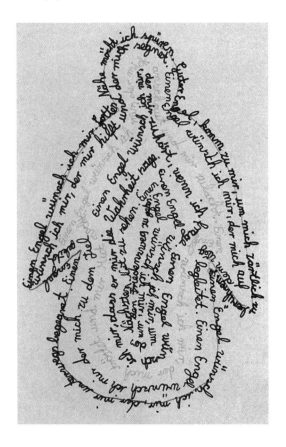

Bauplan für „Elfchen" (Lyrische Kurzform mit 11 Wörtern, verteilt auf 5 Zeilen)

| Zeile | Zahl d. Wörter | Inhalt |
|---|---|---|
| 1 | 1 | Adjektiv (Farbe / Eigenschaft) |
| 2 | 2 | Artikel + Nomen (Gegenstand oder Person mit dieser Farbe / Eigenschaft) |
| 3 | 3 | Ein Aspekt, der das Nomen näher bestimmt (Wo oder wie ist es? Was tut es?) |
| 4 | 4 | Etwas über mich (Beginnend mit „Ich") |
| 5 | 1 | Abschlusswort / Bündelung |

Vgl. D. Stanik, „Elfchen" – Kinder schreiben Lyrik, in: Grundschulunterricht 40/1993, S. 26ff.

## Zu 5.3: Gestalten (Beispiel)

Die Engelfigur eignet sich als Fensterbild; ihre unaufdringliche Wirkung entsteht durch das Überschneiden der Papierteile und die zarte Transparenz. Der Engel ist ebenfalls auf dunklem Untergrund (Stoff, Tonkarton) sehr wirkungsvoll, auch wenn er ohne Ärmel und Hände gestaltet wird.

Varianten:

Drucken mit selbst gefertigten Druckstöcken aus Moosgummi und diversen Stempelfarben

Drucken mit Buchstabenstempel und Goldstempelfarbe

siehe, ich sende einen engel vor dir her, der dich behüte auf dem wege und dich bringe an den ort, den ich bestimmt habe. Hüte dich vor ihm und gehorche seiner stimme und sei nicht widerspenstig gegen ihn; denn er wird euer übertreten nicht vergeben, weil mein name in ihm ist.    Ex. 23

Schriftcollage (2 verschiedenfarbige Papiere aufeinander kleben)

Tonen

## Zu 5.4: Engelbilder – FM 4

Zur Deutung des Engel-Wandteppichs von Sr. M. Animata schreibt Gisela Zimmermann:

Zunächst fällt ein umfassendes, strahlendes Licht auf. Es gleicht der Sonne. In seiner Mitte steht klar und deutlich in hebräischen Buchstaben der Gottesname: Jahwe. Strahlenförmig werden von dieser Mitte aus die Boten Gottes, seine Engel, ausgesandt, um uns in den warmen Lichtstrahl hineinzuziehen.

Die Engel haben aus der Mitte ihren Auftrag empfangen. Durch ihre Arme mit den großen Händen geben sie die frohe Botschaft weiter. Sie durchbrechen das geheimnisvolle Blau des Weltalls. Ihre Arme, die wie der verlängerte Arm Gottes erscheinen, reichen bis in die Grünzone, den Lebensraum der Menschen, hinein. Es sind die Menschen des Alten und Neuen Testamentes. Auch wir sind mit hineingenommen, die wir ihren Auftrag so nötig brauchen. Die Engel begegnen uns mit ihrem klaren Gesichtsausdruck, umspielt von dem hellen Licht, das von Gott ausgeht.

Auf der linken Seite des Teppichs sehen wir die Engel in den Geschichten des Alten Testamentes. Rechts begegnen wir den Engeln in den Geschichten des Neuen Testamentes. Sie enden im Hinweis auf das Jüngste Gericht. Wir erkennen die Engel mit den verschiedensten Aufträgen und Gebärden.

So sehen wir auf der linken Hälfte des Strahlenkranzes die Vertreibung aus dem Paradies (1. Mose 3). Hier führen die Engel das Wächteramt aus. Aus der Dunkelheit, der Gottesferne aber folgt die Verheißung an Abraham (1. Mose 18,2). Drei Boten bringen die freudige Nachricht, dass Sara trotz ihres hohen Alters noch ein Nachkomme geschenkt werden soll. Bei Mose erleben wir den Engel im brennenden Dornbusch (2. Mose 3,1). Er zeigt ihm den Abstand zu Gott und vermittelt zugleich den Auftrag, das Volk Gottes aus der Knechtschaft Ägyptens zu führen.

Anders erfahren wir es von Bileam und seinem Esel (4. Mose 22,23–35). Dort hält ein Engel das Schwert in der Hand und versucht, Bileam auf seinem selbst gewählten Weg aufzuhalten. Er gibt ihm den Auftrag das Volk zu segnen. So wird

Bileam zwar auf einen anderen, aber den besseren Weg geführt.

Weiter geht die Heilsgeschichte mit Gideon (Richter 6,11-23). Er wird beauftragt und bittet um ein sichtbares Zeichen, das ihm auch gewährt wird. Es folgt Elia (1. Könige 19,4-8). Müde geworden von seinen Ermahnungen und dem Ruf zur Umkehr, hat er sein Leben aufgegeben. Ein Engel rührt den mutlosen, schlafenden Elia an: „Steh auf und iss, sonst ist der Weg zu weit für dich!"

Der Prophet Jesaja wird zu seinem Dienst befähigt. Ein Engel reinigt ihm mit glühender Kohle seine Lippen (Jesaja 6,1-7).

In der Mitte des Bildes angekommen, fällt unser Blick auf Maria. Hier erleben wir, wie das Licht, das durch die Engel hindurchgeht, bis tief in die Welt hineinfließt.

Die frohe Botschaft Gabriels wird die Welt verändern (Lukas 1,26-28). Von ihr geht Hoffnung aus. Es ist der Anfang des neuen Bundes. „Fürchtet euch nicht, ich verkündige euch große Freude, die allem Volk widerfahren wird", so klingt es in unseren Ohren, so verkündigen es die himmlischen Heerscharen (Lukas 2,8-14).

Matthäus erzählt, wie Josef durch einen Engel geweckt wird (Matthäus 2,8-14). Er wird Wege geführt, die er nur schwer begreifen kann.

Gott hat den Menschen Engel zur Seite gestellt, die heilende Kräfte haben. Das erleben wir am Teich Bethesda (Johannes 5,1-3).

Nun erzählt der Bildteppich, wie Petrus aus dem Gefängnis herausgeführt und gerettet wurde (Apostelgeschichte 12,6-11).

Der Kreis schließt sich. Die Engel blasen die Posaunen des Jüngsten Gerichts (Matthäus 24,29-31). Sie werden dabei das unvergängliche Gotteslob anstimmen. Wir sind eingeladen, dies jetzt schon einzuüben.

Ein wunderschöner Wandteppich, der uns einen Eindruck vermittelt, wie Gott in großer Vielfalt sein Heilswerk durch seine Boten sichtbar macht.

*(G. Zimmermann, Dem Geheimnis der Engel auf der Spur, Friedrich Bahn Verlag, Neukirchen-Vluyn 1998², S. 28–30)*

## Zu 5.5 (e): Engel-Kartei

Beispiele aus der Werbung sind u.a.
– der Engel der Provinzialversicherung
– der Umweltengel

Engel sind Hände Gottes 63

## 5.1 Schreibwerkstatt (a)

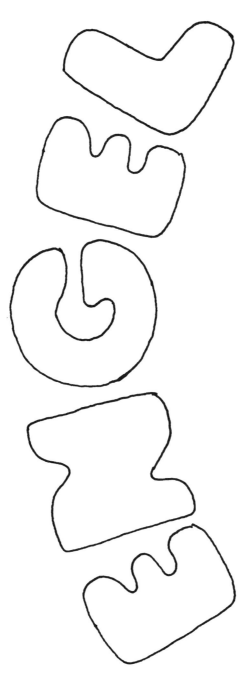

Arbeits-
vorschläge: – Überlege, welche *Personen* Engel sein / werden können (für dich, für andere).
– Schreibe die Namen oder Personen in die Buchstaben.

## 5.1 Schreibwerkstatt (b)

Arbeits-
vorschläge:  – Überlege dir *Eigenschaften* für deinen Engel.
– Schreibe die Wörter in die Buchstaben.

Engel sind Hände Gottes 65

## 5.1 Schreibwerkstatt (c)

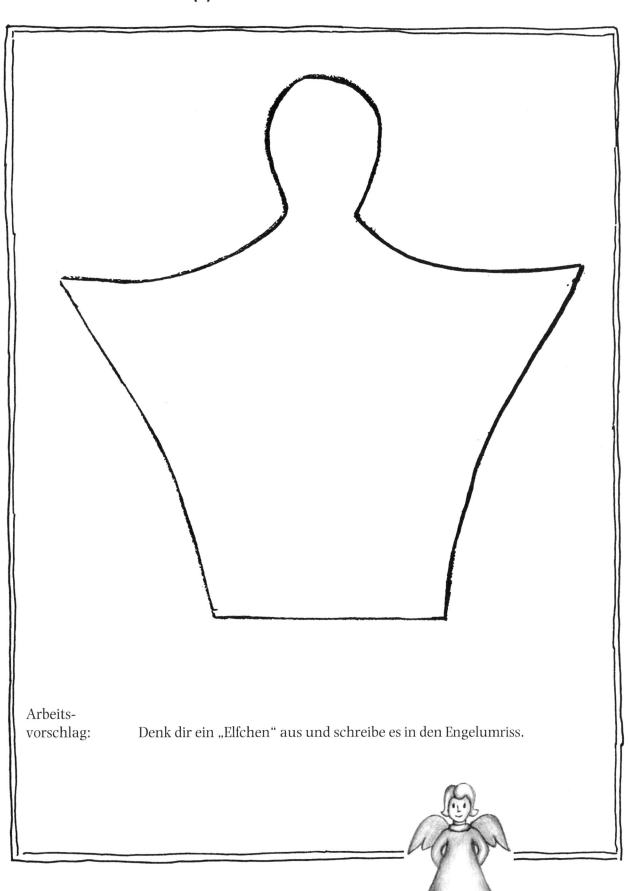

Arbeits-
vorschlag:　　　Denk dir ein „Elfchen" aus und schreibe es in den Engelumriss.

## 5.1 Schreibwerkstatt (d)

Einen Engel wünsch ich mir.
Gottes Nähe möcht ich spüren.
Guter Engel, komm zu mir,
um mich zärtlich zu berühren.

Einen Engel wünsch ich mir,
der mir unterwegs begegnet.
Einen Engel wünsch ich mir,
der mir hilft und der mich segnet.

Einen Engel wünsch ich mir,
der mich auf dem Weg begleitet.
Einen Engel wünsch ich mir,
der mich zu dem Ziel geleitet.

Einen Engel wünsch ich mir,
der mich anschaut und mir zulacht.
Einen Engel wünsch ich mir,
der mich tröstet und mir Mut macht.

Einen Engel wünsch ich mir,
der mir zuhört, wenn ich frage.
Einen Engel wünsch ich mir,
dass er mir die Wahrheit sage.

Einen Engel wünsch ich mir,
um des Nächsten Not zu sehen.
Einen Engel wünsch ich mir,
um den Friedensweg zu gehen.

Einen Engel wünsch ich mir.
Gott zu loben hier und heute.
Guter Engel, komm zu mir,
schenk mir Kraft und Grund zur Freude.

Arbeits-
vorschläge:
– Lies das Gedicht und versuche, seinen Sinn zu erfassen.
– Fertige einen Stempel (Moosgummi / Ausstanzen mit Motivlocher o.ä.) oder male Engel.
– Schreibe das Gedicht ab und ersetze das Wort „Engel" durch deinen Stempel oder deine Bilder.

Engel sind Hände Gottes

## 5.1 Schreibwerkstatt (e)

# Psalm 23

Der Herr ist mein Hirte,
mir wird nichts mangeln.
Er weidet mich auf einer grünen Aue
und führet mich zum frischen Wasser.
Er erquicket meine Seele.
Er führet mich auf rechter Straße um seines Namen willen.
Und ob ich schon wanderte im finstern Tal,
fürchte ich kein Unglück;
denn du bist bei mir,
dein Stecken und Stab trösten mich.
Du bereitest vor mir einen Tisch
im Angesicht meiner Feinde.
Du salbest mein Haupt mit Öl
und schenkest mir voll ein.
Gutes und Barmherzigkeit werden mir folgen mein Leben lang,
und ich werde bleiben im Hause des Herrn immerdar.

Arbeits-
vorschläge:
– Lies den Text. Schreibe ihn wenn du willst noch einmal groß auf Tapete ab.
– Überlege, an welchen Stellen ein Engel gemeint sein könnte.
– Male an diesen Stellen einen Engel in den Text oder überklebe die Worte „Herr", „Er" mit dem Wort „Engel".

## 5.1 Schreibwerkstatt (f): Brief an deinen Engel

Arbeits-
vorschläge:   – Schreibe einen Brief an deinen Engel (Wunschbrief / Dankesbrief ...)
  – Verziere den Brief besonders schön und persönlich.

## 5.2 Schreibwerkstatt (g): Engel-Rätsel

Arbeits-
vorschlag:   Denk dir ein Engel-Rätsel für die anderen Kinder aus.
  Das Beispiel **M 1** kann dich anregen.

Engel sind Hände Gottes

## 5.2 Engel-Lieder

Ihr benötigt:
- Liedtexte (**M 2 - 5**)
- Kassetten-Recorder
- Kassetten
- Fotomappen
- Chiffontücher
- Orff-Instrumente

Arbeits-
vorschläge:
- Wählt ein Lied aus und lest es mehrmals.
- Entscheidet, wie ihr das Lied bearbeiten wollt.

Einige Möglichkeiten sind:
- zu jeder Strophe ein Bild malen oder ein Foto legen
  *oder*
- neue Strophen erfinden
  *oder*
- passende Instrumente zu dem Lied wählen und eine Kassette besingen und bespielen
  *oder*
- den Text pantomimisch darstellen
  *oder*
- eine Schrittfolge (mit Chiffontüchern?) zu dem Lied überlegen (Kreis-, Lichter- oder Beduinentanz).

## 5.3 Gestalten

Ihr benötigt:
- 1 Bogen Transparentpapier (weiß)
- Schablonen (je nach gewünschter Größe der Vorlage) (**M 6**)
- Prittstift
- Schere
- Bleistift

Arbeits-
vorschläge:
- Übertragt die Schablonen mit weichem Bleistift auf das Transparentpapier, schneidet die Teile aus und fügt sie mit vorsichtigen Klebestrichen zusammen.
- Die Papierteile könnt ihr (je nach Wunsch der Körperhaltung) zusammenkleben.

## 5.4 Engel-Bilder

Ihr benötigt:
- Engel-Bilder (**FM 4–7**)
- Buntstifte
- Klebestift
- Zeitungen / Zeitschriften
- Orff-Instrumente

Arbeitsvorschläge:
- Suche dir eine Engeldarstellung aus.
- Gib dem Engel-Bild einen Namen.
- Beschreibe den Engel (Personenbeschreibung).
- Was tut der Engel? Schreibe passende Verben auf (Evtl. auf Karten, um sie an eine Pinwand / auf ein Plakat zu hängen, zusammen mit den Verben zu anderen Engeln > Ausstellung).
- Suche dir eine Kopie eines Engels aus. Male ein Bild / eine Bildfolge, in dem / in der der Engel vorkommt. Klebe dazu als erstes die Kopie auf ein weißes Blatt.
- Male „deinen" Engel.
- Beschreibe „deinen" Engel.
- Male und / oder schreibe „deine" Engelgeschichte.
- Suche dir einen oder mehrere Mitschüler und versuche mit Hilfe der Orff-Instrumente die Geschichte zu verklanglichen.
- Suche ein Bild aus, auf dem ein Engel mit einem Menschen dargestellt ist. Beschreibe den Menschen (Haltung etc.). Was fühlt / empfindet der Mensch?
- „Das kann ein Engel gewesen sein." Suche aus Zeitschriften o.ä. Darstellungen / Bilder heraus, die „Engel" zeigen oder male Bilder, die zeigen, wie dir „Engel" begegnet sind.

Eure Einzelbeiträge könnt ihr gut zu einem „Engelbuch der Klasse" zusammenstellen.

Legt verschiedene Karteien zum Thema „Engel" an. Möglichkeiten:

## 5.5 Engel-Kartei (a): Engel im Lexikon

Ihr benötigt:
- (Kinder-)Lexikon
- Karteikarte(n)

Arbeitsvorschläge:
- Lies in einem Kinderlexikon nach, was dort über Engel steht.
- Verfasse einen eigenen kleinen Lexikonartikel über Engel und male dazu.

## 5.5 Engel-Kartei (b): Engel in der Bibel

Ihr benötigt: Eine Zusammenstellung mit biblischen Engelgeschichten (**M 7**)

Arbeitsvorschläge:
- In welchen biblischen Geschichten kommen Engel vor? Was tun sie? Was sagen sie? Zu wem sprechen sie? Wie sehen sie aus? Was lösen die Worte aus?
- Schreibt eure Entdeckungen auf Karteikarten und verziert sie mit passenden Motiven.

Engel sind Hände Gottes 73

## 5.5 Engel-Kartei (c): Wie sehen Engel aus?

Ihr benötigt:
– Farbstifte
– Bildkarte (**M 8**)

Arbeitsvorschläge:
– Male einen Engel. Beschreibe ihn.
– Vergleiche mit anderen Bildern (Bildkartei) (**M 8**).
– Was fällt dir auf?
– Auf vielen Bildern tragen Engel Flügel. Welche Bedeutung haben deiner Meinung nach die Flügel?

## 5.5 Engel-Kartei (d): Können Menschen Engel sein?

Arbeitsvorschläge:
– Erinnere dich an Geschichten, die du gelesen hast.
– Bei welchen würdest du sagen, dass darin Menschen wie Engel handeln / gehandelt haben?
– Überlege dir Situationen, in denen du wie ein Engel handeln könntest.
– Manchmal sagen Menschen: „Da hab' ich einen Schutzengel gehabt" oder „Du bist mein Engel". Überlege dir Situationen, in denen man so etwas sagt. Was ist gemeint? Male, beschreibe, gestalte einen Comic.
– Schreibe zu einem der Bilder auf **M 8** eine „Engel-Geschichte".

## 5.5 Engel-Kartei (e): Engel im Alltag und in der Werbung

Arbeitsvorschlag:
Sammle Beispiele, wo dir in deinem Alltag das Wort „Engel" oder Bilder von Engeln begegnen (z.B. Umweltengel).

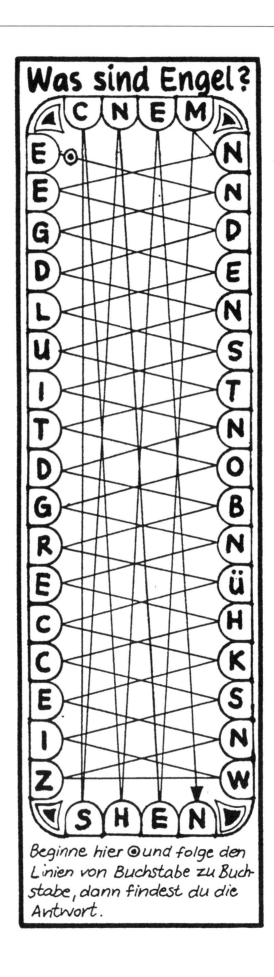

Engel sind Hände Gottes

Text: Rolf Krenzer
Musik: Detlev Jöcker

**M 2**

## Der Engel

2. Hirten erschrecken
inmitten der Nacht
und haben zum Stall
auf den Weg sich gemacht.
Von Gott geschickt allein!
Das muss ein Engel,
wirklich, ein Engel
gewesen sein.

3. Frauen am Grabe.
Sie weinen vor Not.
Doch einer sagt da:
„Seht, er ist nicht mehr tot!
Und ihr dürft fröhlich sein!"
Das muss ein Engel,
wirklich, ein Engel
gewesen sein.

4. Hände wie deine.
Er tut was für dich.
Und du fragst: Warum
tut er so was für mich?
Und sagst entschieden: Nein!
Das kann kein Engel,
wirklich, kein Engel
gewesen sein.

5. Hände wie deine,
wie du sein Gesicht.
Und er kommt von Gott,
und du weißt es noch nicht
und wirst nie sicher sein.
Das kann ein Engel,
wirklich, ein Engel
gewesen sein!

(aus: Buch und MC: „Weihnachten ist nicht mehr weit", alle Rechte im Menschenkinder Verlag, 48157 Münster)

Text: Rudolf Otto Wiemer
Melodie: Siegfried Macht

**M 3**

## Es müssen nicht Männer mit Flügeln sein

2. Sie haben kein Schwert, kein weißes Gewand,
   die Engel.
   Vielleicht ist einer, der gibt dir die Hand,
   oder er wohnt neben dir, Wand an Wand,
   der Engel.

3. Dem Hungernden hat er das Brot gebracht,
   der Engel.
   Dem Kranken hat er das Bett gemacht,
   er hört, wenn du ihn rufst, in der Nacht,
   der Engel.

4. Er steht im Weg, und er sagt: Nein,
   der Engel,
   groß wie ein Pfahl und hart wie ein Stein –
   es müssen nicht Männer mit Flügeln sein,
   die Engel.

*(Textrechte: © Quell/Gütersloher Verlagshaus, Gütersloh; Melodienrechte: S. Macht, Dass Frieden werde. Kleine Lieder zu großen Themen, München: Don Bosco Verlag 1984)*

Engel sind Hände Gottes

Text: Dietrich Bonhoeffer
Melodie: Siegfried Fietz

**M 4**

## Von guten Mächten

*(Textrechte: © Chr. Kaiser/Gütersloher Verlagshaus, Melodierechte: © Abakus Musik Barbara Fietz, 35753 Greifenstein)*

Text: 2. Mose 23,20
Melodie: Siegfried Macht

**M 5**

## Siehe, ich sende einen Engel vor dir her

Sie-he, ich sen-de ei-nen En-gel vor dir her, der dich be-hü-te auf dem Weg, und der dich bringt an den Ort, den ich be-rei-tet hab.

*(© Strube Verlag, München/Berlin)*

# Engel aus Transparent- oder Seidenpapier

**M 6**

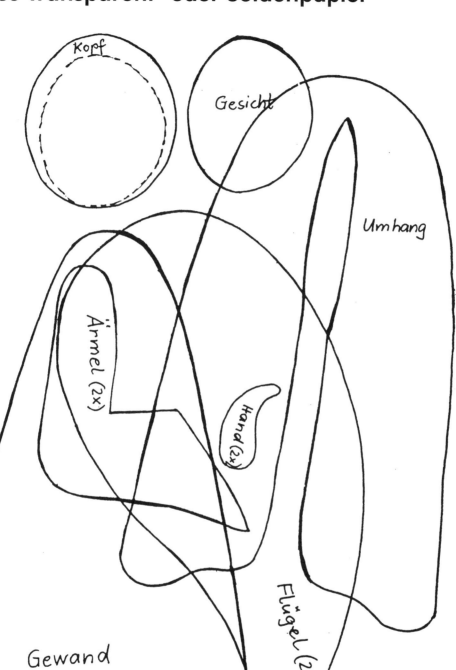

# Engelgeschichten in der Bibel

**M 7**

Und der Herr erschien ihm (Abraham) im Hain Mamre. Es war Mittagszeit. Die Sonne brannte vom Himmel herab. Abraham saß am Eingang seines Zeltes.
Er schaute auf und sah drei Männer. Er lief ihnen entgegen und verneigte sich tief vor ihnen. Er ließ ihnen die müden Füße waschen und lud sie ein sich unter dem Baum niederzulassen. „Ich will euch Brot, Butter und Milch zu essen geben, auch von dem Kalb, das ich geschlachtet habe." Und er bediente die Fremden.
Da sprachen sie zu ihm: „Wo ist deine Frau Sara?" Er antwortete: „Drinnen im Zelt." Da sprach er (der Engel): „In einem Jahr werde ich wiederkommen. Dann soll Sara einen Sohn haben." – Abraham und Sara aber waren schon sehr alt. *(Genesis 18)*

### Gabriel erscheint Maria
Und im sechsten Monat wurde der *Engel Gabriel* von Gott gesandt in eine Stadt in Galiläa, die heißt Nazaret, zu einer Jungfrau, die vertraut war einem Mann mit Namen Josef vom Hause David; und die Jungfrau hieß Maria. Und der Engel kam zu ihr hinein und sprach: „Sei gegrüßt, du Begnadete! Der Herr ist mit dir!" ...
Und der Engel sprach zu ihr: „Fürchte dich nicht, Maria, du hast Gnade bei Gott gefunden. Siehe, du wirst schwanger werden und einen Sohn gebären, und du sollst ihm den Namen Jesus geben." ...
*(Lukas 1,26ff)*

Ich werde einen Engel schicken, der dir vorausgeht. Er soll dich auf dem Weg schützen und dich an den Ort bringen, den ich bestimmt habe. Achte auf ihn und hör auf seine Stimme.
*(Exodus, 23,20f)*

### Die Engel bei den Hirten
Und es waren Hirten in derselben Gegend auf dem Felde bei den Hürden, die hüteten des Nachts ihre Herde.
Und der *Engel des Herrn* trat zu ihnen, und die Klarheit des Herrn leuchtete um sie; und sie fürchteten sich sehr.
Und der Engel sprach zu ihnen: „Fürchtet euch nicht! Siehe, ich verkündige euch große Freude, die allem Volk widerfahren wird; denn euch ist heute der Heiland geboren, welcher ist Christus, der Herr, in der Stadt Davids. Und das habt zum Zeichen: Ihr werdet finden das Kind in Windeln gewickelt und in einer Krippe liegen." Und alsbald war da bei dem Engel *die Menge der himmlischen Heerscharen*, die lobten Gott und sprachen: Ehre sei Gott in der Höhe und Friede auf Erden bei den Menschen seines Wohlgefallens. *(Lukas 2,8-14)*

### Jesu Auferstehung
Als aber der Sabbat vorüber war und der erste Tag der Woche anbrach, kamen Maria von Magdala und die andere Maria, um nach dem Grab zu sehen. Und siehe, es geschah ein großes Erdbeben. Denn der *Engel des Herrn* kam vom Himmel herab, trat hinzu und wälzte den Stein weg und setzte sich darauf. Seine Gestalt war wie der Blitz und sein Gewand weiß wie der Schnee. Die Wachen aber erschraken aus Furcht vor ihm und wurden, als wären sie tot. Aber der Engel sprach zu den Frauen: Fürchtet euch nicht! Ich weiß, dass ihr Jesus, den Gekreuzigten sucht. Er ist nicht hier; er ist auferstanden, wie er gesagt hat. Kommt her und seht die Stätte, wo er gelegen hat; und geht eilends hin und sagt seinen Jüngern, dass er auferstanden ist von den Toten. Und siehe, er wird vor euch hingehen nach Galiläa; dort werdet ihr ihn sehen. *(Matthäus 28,1ff)*

Engel sind Hände Gottes

# M 8

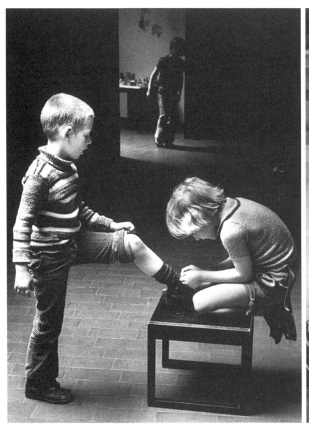

Fürchte dich nicht

# D Mit Jona im Fisch

Jonas Tagebuch

Das Gesetz des Königs

Kalligramm

Psalmwort-Kartei

Kunstbilder

Wollfadenbilder zu Jona 2,3–10

Sachkundliches zum Hintergrund der Jona-Erzählung

Würfelspiel

## 1. Thematisches Stichwort

s. *Religionsunterricht praktisch 4*, S. 167f
s. *Feste feiern mit Religionsunterricht praktisch*, S. 50

## 2. Literatur zum Thema

s. *Religionsunterricht praktisch 4*, S. 168
s. *Feste feiern mit Religionsunterricht praktisch*, S. 55ff

## 3. Bezüge zu *Religionsunterricht praktisch*

s. *Religionsunterricht praktisch 4*, S. 167f („Jona: Ninive soll leben")
s. *Schulgottesdienste mit Religionsunterricht praktisch*, Band 2, S. 61ff
s. *Feste feiern mit Religionsunterricht praktisch*, S. 49ff („Wie neugeboren ..." – Ein Lebensfest in Ninive) (Jona)

## 4. Erläuterungen zu den Freiarbeits-Vorschlägen

### Zu 5.1: Jonas Tagebuch

*Beispiele:*
Der Anfang einer Tagebucheintragung könnte etwa so lauten:

Eigentlich wollte ich heute Morgen die Ruhe in meinem Garten genießen. Aber daraus wurde nichts.

Gott sprach nämlich zu mir: „Jona, geh sofort nach Ninive und drohe den Leuten dort, denn sie sind böse und hören nicht mehr auf mein Wort."

„Was geht mich das an?", dachte ich. „Mich interessieren die Menschen dort überhaupt nicht."

So schnell ich konnte, packte ich also meine Sachen und lief zum Hafen. Nur fort von Ninive.

Und nichts wie auf ein Schiff ...

*Adresse für den Bezug des Farbbilderbogens Kg 379 (12 Bilder) von I. Zimmermann: Kirchl. Kunstverlag Dresden, Friedrichswalde Nr. 34, 01819 Bahretal.*

### Zu 5.3: Kalligramm

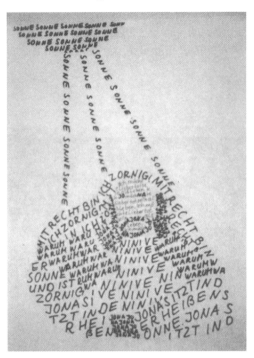

### Zu 5.5: Kunstbilder (b)

Von dem Alt-Bild (**FM 8**) ist zuvor eine Farbkopie anzufertigen, zu zerschneiden und wie folgt auf die Arbeitskarte aufzukleben / den Sch. in einem Umschlag auszuhändigen.

### Zu 5.4: Psalmwort-Kartei (a – e)

Die Psalmwort-Kartei nimmt Anregungen von R. Oberthür auf und macht sie variierend für den Jona-Psalm fruchtbar (s. R. Oberthür / A. Mayer, Psalmwort-Kartei. In Bildworten der Bibel sich selbst entdecken, Agentur Dieck, Heinsberg 1995).

Es wird empfohlen, bei der Anlage der Karten mit verschiedenen Papierfarben zu arbeiten, z.B. Kartei a) Text auf farbigem Papier, Kartei b) Arbeitsaufträge farbig etc.

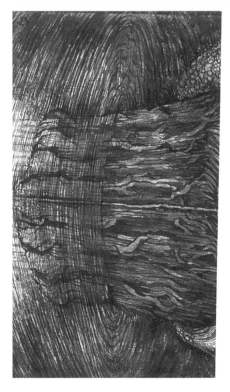

## Zu 5.5: Kunstbilder (c)

Hier ist genauso zu verfahren, sodass sich für die Kinder (in Farbe) folgendes Bild als Arbeitsgrundlage ergibt:

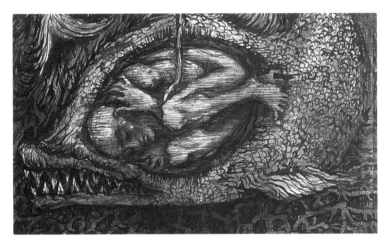

## Zu 5.5

(**FM 10**): Kunstbilder – Erläuterungen zu der mittelalterlichen Miniatur

„Wieder schwingt sich der Fisch vom Himmel herab ins Meer, vor dunkelgoldenem Hintergrund, aber noch in der blauen Farbe des Meeres. Er bildet einen Halbkreis und der Kreis vollendet sich durch die Wendung des Jona nach oben, wo die Hand Gottes aus dem Himmelsbogen herabgreift und seinen Arm erfasst. In derselben Farbe wie der Fisch wallt eine Art Gewand um die Hand Gottes – oder vielleicht eine Art Himmelsrand in der blauen Farbe des irdischen Himmels, die den Fisch und die Hand Gottes verbindet. Was also der Fisch tat und tut, stimmt überein mit dem Gebot Gottes. Und das bedeutet, dass der Tod von Gott kommt ebenso wie das Leben, die Gefahr wie die Errettung, die Verzweiflung ebenso wie der Dank.

Was vor allem auffällt, ist der kahlköpfige Mann. Es ist ein in fast allen mythischen Gestaltungen dieser Geschichte wiederkehrendes Motiv, dass Jona ohne Haar mit kahlem Kopf ausgespien wird. So kommt die Sonne ohne ihre scharfen Strahlen, die im Orient auch den Tod bedeuten können, über den Horizont herauf. Jona selbst ist die aufgehende Sonne, die zu betrachten dem Auge des Menschen möglich ist, weil sie ihre Strahlen noch nicht aussendet. Jona wird von dem Gott ergriffen, der aus einem Himmelsbogen herabgreift; dieser ist von glühendem Rot umrandet, als sollte damit ausgesagt sein: Gott, der die Sonne der Welt ist, holt den Menschen aus der Tiefe, damit er selbst ein Abglanz der Sonne sei, gottgleich und eine neue Kreatur."

*(J. Zink, DiaBücherei Christliche Kunst, Bd. 16: Könige, Propheten, Psalmen. Betrachtung und Deutung, Verlag am Eschbach 1986, S. 43)*

**Zu 5.6: Wollfadenbilder
zu Jona 2,3–10**

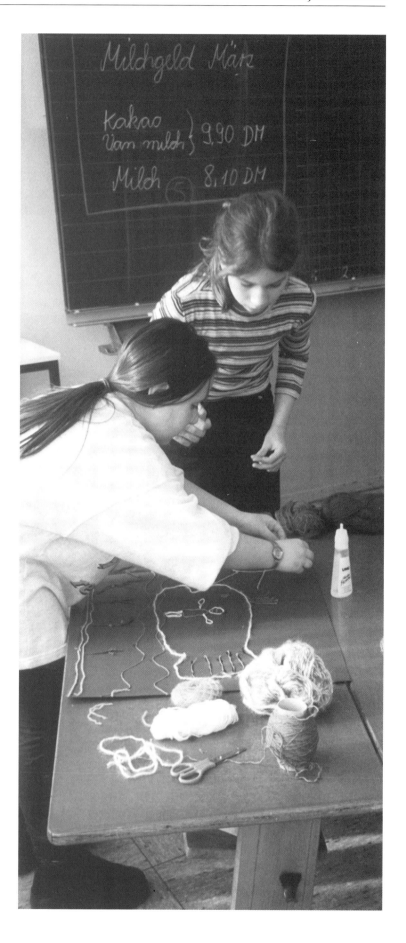

Mit Jona im Fisch

## Zu 5.8: Würfelspiel (Beispiel:)

# Mit Jona im Fisch

**1**
Gott sagt zu Jona: „Geh nach Ninive!" Doch Jona geht in eine andere Richtung.
*Folge dem Weg mit den Buchstaben.*

**2**
Jona sucht im Hafen nach einem Schiff um mitzufahren.
*Hilf ihm suchen, folge dazu dem Weg mit den Schiffen.*

**3**
Jona flieht in die entgegengesetzte Richtung.
*Würfel noch einmal, gehe aber zurück.*

**4**
Vom Weglaufen ermüdet schläft Jona im Schiff ein.
*Setze die nächste Runde aus.*

**5**
Von dem starken Sturm wird das Schiff hin und her geworfen.
*Folge den blauen Pfeilen.*

**6**
Jona wird über Bord geworfen und schwimmt. Ein Wal rettet ihn.
*Nach so viel Arbeit ruhe dich eine Runde aus.*

**7**
Jona hat im Bauch des Wales viel Zeit.
*Baue das Puzzle (in der Tüte) zusammen. Erst wenn du fertig bist, spielst du weiter.*

**8**
Jona bleibt einige Tage im Bauch des Wales.
*Rücke die Anzahl der Tage vor. Weißt du es nicht, bleibe stehen.*

**9**
Jona wird an den Strand gespuckt und beeilt sich.
*Klettere die Leiter sofort hoch, damit du schneller wirst.*

**10**
In Ninive hören alle Jona gut zu. Er wird schnell seine Aufgabe lösen.
*Rücke 2 Felder vor.*

**11**
Jona ärgert sich und setzt sich unter einen Strauch.
*Gehe sofort zum Strauchfeld und setze eine Runde aus.*
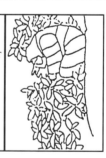

**12**
Jona beeilt sich auf dem Weg nach Hause.
*Du darfst noch einmal würfeln.*

Mit Jona im Fisch     **89**

## 5. Freiarbeitsvorschläge

## 5.1 Jonas Tagebuch

Ihr benötigt:
- Bibel
- Tapete
- Farbstifte
- Pastellkreide
- Schere und Klebe
- Collagenmaterial (Kataloge / Zeitschriften)
- Bilder
- Farbiges Tonpapier (DIN A5)
- Farbbilder von I. Zimmermann, Kirchl. Kunstverlag Dresden, zur Jona-Erzählung

Arbeitsvorschläge:
- Lest euch den Text der Jona-Geschichte noch einmal durch.
- Stellt euch vor, ihr seid Jona und schreibt eure Erlebnisse, Gedanken und Gefühle abends in ein Tagebuch.
- Ihr könnt zur Geschichte passende Bilder aus den Katalogen ausschneiden und zu jedem Bild einen Tagebucheintrag schreiben.
- Es ist auch möglich, Jonas tägliche Erlebnisse in Form einer Bildergeschichte „festzuhalten". Wenn ihr die Bilder auf Tapete zeichnet, reicht oft schon ein Satz, um das Wichtigste mitzuteilen.
- Ein gemeinsames Klapp-Bilderbuch zu gestalten ist eine weitere Möglichkeit Jonas Erlebnisse darzustellen.
- Auf farbiges Tonpapier klebt oder malt ihr ein Bild – passend zur Jona-Geschichte – und schreibt den entsprechenden Tagebuchtext darunter. Anschließend werden alle Einzelblätter zusammengeheftet.
(Achtet beim Schreiben und Kleben darauf, dass rechts und links genügend Platz zum späteren Zusammenheften bleibt.)

## 5.2 Das Gesetz des Königs

Jonas droht den Leuten von Ninive: Noch vierzig Tage, und Ninive ist zerstört!
Die Leute von Ninive erschraken. Sie wollten ihr Leben ändern. Sie fasteten. Sie zogen Bußgewänder an. Auch der König stieg von seinem Thron. Er zog seinen kostbaren Königsmantel aus und legte ein Trauerkleid an. Für die Stadt erließ er folgendes Gesetz:
„Im Namen des Königs:

1.


2.


3.


4.


5.


Arbeits-
vorschläge:   – Lest den Text mehrmals gut durch!
              – Überlegt in eurer Gruppe: Wie könnte das Gesetz des Königs lauten?
                Was will der König damit erreichen?
                Berücksichtigt für das „Gesetz" folgende Stichworte:
                *Kein Essen und Trinken für Menschen und Tiere – Säcke als Zeichen der Buße*
                *anziehen – zu Gott rufen – umkehren – Gott um Verziehung bitten ...*
              – Schreibt oder malt ein großes Plakat mit dem „Gesetz des Königs"!

Mit Jona im Fisch

## 5.3 Kalligramm

Ich rief zu dem Herrn in meiner Angst
und er hörte mich.

Ich schrie um Hilfe,
als der Tod mich packte,
und du hast mein Schreien gehört.

Du hast mich ins Meer geworfen,
ganz tief hinein.
Die Fluten schlugen über mir zusammen.
Schlingpflanzen schnürten mir die Kehle zu.

Du hast mich aus der Tiefe herausgezogen,
heraus aus dem tiefen Totenloch,
Herr, mein Gott.

*Jona 2, 3-7 in Auswahl*

Arbeits-
vorschläge:
– Schreibe Jonas Gebet mit deinen eigenen Worten! Es kann auch nur ein Teil des Gebetes sein, der dir besonders gefällt oder wichtig ist.
– Schreibe „dein" Jona-Gebet auf ein Plakat! Gestalte einzelne Worte oder Textteile als Textbild (Kalligramm)! Achte darauf, gut lesbar und groß genug zu schreiben!

## 5.4 Psalmwort-Kartei (a)

Ich rief zu dem Herrn in meiner Angst
und er hörte mich.

Ich schrie um Hilfe,
als der Tod mich packte,
und du hast mein Schreien gehört.

Du hast mich ins Meer geworfen,
ganz tief hinein.
Die Fluten schlugen über mir zusammen.
Schlingpflanzen schnürten mir die Kehle zu.

Du hast mich aus der Tiefe herausgezogen,
heraus aus dem tiefen Totenloch,
Herr, mein Gott.

*Jona 2, 3-7 in Auswahl*

Arbeits-
vorschläge:   Suche *ein* Wort oder Bild aus, das dich besonders anspricht!
  – Schreibe eine Geschichte oder ein Gedicht dazu!

# 5.4 Psalmwort-Kartei (b)

Ich rief zu dem Herrn in meiner Angst ...

Ich schrie um Hilfe,
als der Tod mich packte.

Arbeitsvorschlag: Male ein *Bild* zu dem Text oder schreibe eine *Geschichte* dazu.
Du kannst die Worte auch in wörtlicher Rede verwenden.

## 5.4 Psalmwort-Kartei (c)

Ich schrie um Hilfe,
als der Tod mich packte.

Du hast mein Schreien gehört.

Arbeits-
vorschlag:        Schreibe eine Geschichte in der Ich-Form zu den beiden Worten!
                  Überlege dabei, was zwischen den beiden Worten passiert ist!

## 5.4 Psalmwort-Kartei (d)

Du hast mich aus der Tiefe herausgezogen,
heraus aus dem tiefen Totenloch,
Herr, mein Gott.

Arbeits-
vorschläge:   –  Schreibe das Psalmwort so auf, dass aus der Schrift ein Kunstwerk wird!
              –  Gib dir für jeden Buchstaben große Mühe und gestalte ihn mit viel Fanta-
                 sie!
              –  Denke an eine gute Aufteilung der Seite!
              –  Vielleicht möchtest du dein Blatt noch zusätzlich verzieren.

## 5.4 Psalmwort-Kartei (e)

Ich rief zu dem Herrn in meiner Angst
und er hörte mich.

Ich schrie um Hilfe,
als der Tod mich packte,
und du hast mein Schreien gehört.

Du hast mich ins Meer geworfen,
ganz tief hinein.
Die Fluten schlugen über mir zusammen.
Schlingpflanzen schnürten mir die Kehle zu.

Du hast mich aus der Tiefe herausgezogen,
heraus aus dem tiefen Totenloch,
Herr, mein Gott.

Arbeits-
vorschläge:   –  Verklangliche den Psalm mit orffschen Instrumenten.
              –  In Gruppenarbeit könnt ihr euch vielleicht eine Pantomime ausdenken
                 und den anderen Kindern vorführen.

# 5.5 Kunstbilder (a)

Klebe hier das Farbbild **FM 8** ein.

*(Ernst Alt „An Zion angenabelter Jona")*

Arbeits-
vorschläge:   – Beschreibe das Jona-Bild von Ernst Alt mit deinen Worten.
– Das Bild heisst: „An Zion* angenabelter Jona".
   Was bedeutet deiner Meinung nach der Titel?

Tipp:
* „Zion" =
1. Der Tempelberg in Jerusalem
2. Wohnung Gottes
3. Ort der Hoffnung auf eine neue Zeit

## 5.5 Kunstbilder (b)

Ihr benötigt: **FM 8** als Puzzle

Arbeitsvorschläge:
— Füge die Teile zu einem Bild zusammen und begründe deine Entscheidung.
— Suche eine Überschrift zu dem Bild.

## 5.5 Kunstbilder (c)

Ihr benötigt:   –   **FM 8** als Puzzle
       –   Farbstifte
       –   Schere
       –   Klebe

Arbeits-
vorschlag:      Klebe die Puzzle-Teile in den Rahmen.
Vervollständige das Bild, indem du einen
Mittelteil malst / klebst etc.

## 5.5 Kunstbilder (d)

Arbeits-
vorschlag:     Kennzeichne farbig, wo du Szenen der Jona-Geschichte entdeckst.

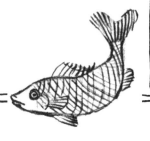

Mit Jona im Fisch 101

## 5.5 Kunstbilder (e)

Arbeits-
vorschlag:    Vervollständige das Bild.

## 5.5 Kunstbilder (f)

Arbeits-
vorschläge:
- Beschreibe beide Bilder.
- Finde Gemeinsamkeiten und Unterschiede.
- Achte besonders auf Körperhaltung und Gesichtsausdruck.
- Fülle für jede Figur eine Sprech- / Denkblase aus.

## 5.5 Kunstbilder (g)

Klebe hier das Farbbild **FM 10** auf

Klebe hier das Farbbild **FM 9** auf

Arbeits-
vorschläge:
- Vergleiche beide Bilder. Achte dabei auch auf die Gesichter und beschrei-
be sie.
- Wie ist die Rettung dargestellt? Verfolge die Blickrichtung der Personen.
- Ordne einzelne Sätze aus Jonas Gebet (s. S. 91) den Bildern zu.

## 5.6 Wollfadenbilder zu Jona 2,3–10

Ihr benötigt
außer dem
Text:
- Wolle (verschiedene Farben)
- Scheren
- Moltontuch

Ich rief zu dem Herrn in meiner Angst
und er hörte mich

Ich schrie um Hilfe,
als der Tod mich packte,
und du hast mein Schreien gehört.

Du hast mich ins Meer geworfen,
ganz tief hinein.
Die Fluten schlugen über mir zusammen.
Schlingpflanzen schnürten mir die Kehle zu.

Du hast mich aus der Tiefe herausgezogen,
heraus aus dem tiefen Totenloch,
Herr, mein Gott.

*Jona 2. 3–7 i.A.*

Arbeits-
vorschläge:
Wähle *eine* der folgenden Aufgaben aus und lege mit farbigen Wollfäden
ein Bild dazu:
1. Wie Jona sich im Bauch des Fisches fühlt.
2. Wie Jona – von dunklem Meer umgeben / im Fischbauch eingeschlossen /
   von Seetang umschlungen – zu Gott betet.
3. Wie Gott Jona auch im Fischbauch nicht allein lässt und ihm hilft.

Mit Jona im Fisch

## 5.7 Sachkundliches zum Hintergrund der Jona-Erzählung:

### (a) Juda und seine Nachbarn

Juda, das Land der Juden, war klein. Die Nachbarländer waren groß und stark. Oft überfielen die starken Nachbarn das kleine Juda.

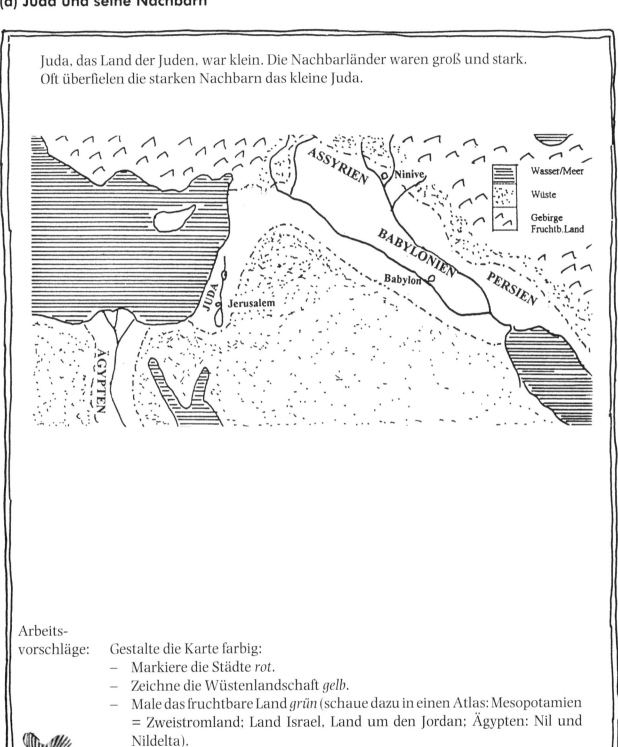

Arbeits-
vorschläge:  Gestalte die Karte farbig:
– Markiere die Städte *rot*.
– Zeichne die Wüstenlandschaft *gelb*.
– Male das fruchtbare Land *grün* (schaue dazu in einen Atlas: Mesopotamien = Zweistromland; Land Israel, Land um den Jordan; Ägypten: Nil und Nildelta).
– Kennzeichne das Wasser (Meere, Seen und Flüsse) *blau*.

## 5.7 Sachkundliches zum Hintergrund der Jona-Erzählung:

### (b) Das assyrische Reich

**Ninive, die böse Stadt**

Ninive war die Hauptstadt des neuassyrischen Reiches. Sein König galt als besonders grausamer Herrscher.

„Der Widerstand der benachbarten Völker wird durch jährlich stattfindende Feldzüge gebrochen, in denen eine neue Waffengattung, die zum ersten Mal in der Geschichte erscheint, die Entscheidung bringt, die Reiterei. In Furcht versetzt werden die Völker durch die grausamen Methoden der Unterwerfung: Pfählen und Schinden, Massenhinrichtungen, Deportation" (dtv-Atlas zur Weltgeschichte, Band I).

Arbeitsaufträge:
- Beschreibe die geografische Lage Assyriens.
- Suche die Hauptstadt auf deiner Karte.
- Wann wurde sie zerstört? (s. nächste Seite)
- Wie haben die Assyrer ihre besiegten Feinde behandelt? (Betrachte das Bild oben)
- Versuche die Gefühle der Juden zu beschreiben, wenn sie an die Assyrer und an Ninive dachten.

Mit Jona im Fisch

**107**

# 5.7 Sachkundliches zum Hintergrund der Jona-Erzählung:

## (c) Das babylonische Reich (Infokarte)

Die Herrschaft der Assyrer dauerte nicht ewig. 612 v. Chr. kamen die *Babylonier* und eroberten Assyrien und Ninive.

Aber den Juden ging es auch unter den neuen Herrschern nicht viel besser. Wieder war Krieg. Wieder kamen fremde Soldaten. 587 v. Chr. eroberten sie *Juda* und zerstörten Jerusalem:

- die Stadt wurde geplündert und abgebrannt
- die Tempel niedergerissen
- die Königsfamilie und die Fürsten ermordet
- das Land verbrannt
- der letzte König von Juda, Zedekia, musste mit vielen tausend Juden in die Gefangenschaft. Er ist blind. Soldaten haben ihm die Augen ausgestochen,
- seine Söhne wurden ermordet

Einem Gefangenen werden die Augen ausgestochen, die Lippen mit einem Ring durchstoßen

Babylonische Tontafel mit Bericht von der Eroberung Jerusalems

## 5.7 Sachkundliches zum Hintergrund der Jona-Erzählung:

### (d) die Gefangenen kehren in ihre Heimat zurück

Auch die Babylonier wurden besiegt. Die *Perser* besetzten als neue Herren Babylonien.

Ein Wunder geschah!

Der persische König Kyrus ließ alle nach Babylon verschleppten Völker frei. Auch die gefangenen Juden durften nach 50-jähriger Gefangenschaft nach Jerusalem heimkehren. Sehnsüchtig hatten sie in der Fremde diesen Tag herbeigewünscht:

„An den Wassern zu Babel saßen wir und weinten, wenn wir an Zion (= Jerusalem) dachten." *(Psalm 13,7)*

Einerseits freuten sich die Heimkehrer: endlich nach Hause!

Andererseits kamen sie in ein total verarmtes Land. Die Felder um Jerusalem waren verbrannt, die Felder verwüstet, die Häuser zerstört! Es gab keinen König und keinen Tempel mehr!

Nur *ein* Gedanke gab den Juden jetzt noch Kraft: „*Wir* sind Gottes auserwähltes Volk! *Wir* sind gut! Die anderen Völker sind böse! Von ihnen muss man sich fernhalten!"

Die anderen Völker hatten Israel so viel Leid angetan, die Assyrer und Babylonier, die Ägypter und Perser. Gott hatte diese Völker verstoßen! Von ihnen musste man sich abkapseln! Nur *Israel* hat Gott sein Heil versprochen.

Arbeits-
vorschläge:
- Was finden die Juden nach ihrer Rückkehr aus der Fremde vor?
  Wie ist der Zustand der Häuser, des Landes ...?
  Was vermissen sie besonders?
- Denke über die Stimmung der Heimkehrer nach.
  Wie mögen ihre Gefühle sein?
- Welcher Gedanke hilft ihnen, ihre Krise zu bewältigen?
- Kriege sind grausam. Man kann ihre Gräuel nicht vergessen. Suche (aus bereitgestellten Texten, Zeitungen, Zeitschriften, Büchern, Gedichten, Liedern usw.) Beispiele aus der Gegenwart zu: – Vertreibung – Unterdrückung – Verschleppung von Menschen und Völkern – Grausamkeiten im Krieg – Leben in der Fremde – Gefühlen von Menschen in der Fremde – Gottvertrauen

Mit Jona im Fisch

## 5.8 Würfelspiel

Ihr benötigt:
- Karton
- Spielfiguren
- Würfel
- Farbstifte
- Bilder zur Jona-Erzählung
- Blankokärtchen

Arbeitsvorschläge:
- Denkt euch einen Spielverlauf zur Jona-Erzählung (Start bis Ziel) aus und übertragt ihn auf den Karton. Plant auch Umwege und Abkürzungen ein. Bilder aus der Jona-Geschichte machen euer Spiel farbiger.
- Legt die Aufgabenfelder innerhalb eures Spielfeldes fest.
- Schreibt die Aufgaben auf Kärtchen.
- Denkt euch Spielregeln aus und schreibt sie auf.
- Spielt euer Spiel probeweise durch und achtet dabei auf Verbesserungsmöglichkeiten.

# E  Kirche – sehen, was hinter dicken Mauern steckt

Die Kirche und ihre Einrichtungsgegenstände

Kirchenfenster

Wie Glocken gegossen werden

In einer Kirche ist viel zu entdecken (Kirchenrallye)

# 1. Thematisches Stichwort

In der religionspädagogischen Literatur ist in den vergangenen Jahren verstärkt ein Ansatz unter wechselnder Nomenklatur aufgetaucht:

- „Lernort Kirchenraum"
- „Erlebnisraum Kirche"
- „Kirchgänge"
- „kirchenpädagogischer Unterricht"
- „Kirche zum Anfassen"
- „pädagogische Spurensuche"
- „Lernen an anderem Ort".

Diese Ansätze verfolgen – jeder auf seine Weise – gemeinsam die Ziele handlungsorientierten Lernens in und um die Kirche. Sie wollen gleichsam die „Steine zum Reden bringen" und eine eigene Beziehung bei den Sch. zu dem Ort aufbauen, der vielen fremd geworden ist. Lernen am Lernort Kirchengebäude will den Sinn für Gewordenes / für Tradition wecken und einen vertrauten Umgang mit dem Kirchengebäude durch sinnliche Wahrnehmung fördern.

Das Kirchengebäude wird dabei nicht als musealer Ort, sondern als Bereich kirchlichen Lebens, der Verkündigung und Anbetung begriffen. Christiane Kürschner, Kirchenpädagogin an der Marktkirche in Hannover, legt einen vierfachen Weg vor (in: Religion heute, 34, Juni 1998, S. 88ff), um die Steine zum Reden zu bringen:

1. *Was sehe ich?* (sinnliche Wahrnehmung) Baumaterialien, Zangenlöcher der Bauleute, Brandspuren am Mauerwerk etc.

2. *Was bedeutet das?*
   a) Damals: Das Gotteshaus als Abbild des „himmlischen Jerusalems" und ursprüngliches Abbild des ganzen Kosmos
   b) In der Gegenwart: Kirche als Ort des Gebets, der Musik und der „Zuflucht für Notleidende, Treffpunkt und Lernort für Jung und Alt und noch immer optische Orientierungshilfe im Stadtbild ..." (S. 89)

3. *Was bedeutet das für mich?*
   Das Bauwerk als Möglichkeit begreifen,
   - Unruhe abzulegen und zu sich selbst zu finden,
   - zur Ruhe zu kommen,
   - „heilende Kräfte" zu erfahren,
   - Gehörtes und Erlebtes in sich klingen, sich setzen zu lassen,
   - seinen „Platz" zum Innehalten zu suchen.

4. *Was eröffnet sich mir?*
   Eine eigene Beziehung zum aufgesuchten Ort aufbauen.

Die folgenden Möglichkeiten haben Vorschlagscharakter. Sie sind auf die jeweiligen örtlichen Gegebenheiten hin zu modifizieren.

# 2. Literatur zum Thema

- R. Abeln, *Das Haus Gottes den Kindern erklärt*, Butzon & Bercker, Kevelaer 1997
- R. Degen / I. Hansen, Hg., *Lernort Kirchenraum*. Erfahrungen – Einsichten – Anregungen, Waxmann, Münster 1998
- Die Kirche den Kindern erklärt, Agentur des Rauhen Hauses, Hamburg 1996
- H. Domenig, *Gebaut aus lebendigen Steinen. Du und deine Gemeinde*, Kaufmann/Reinhardt, Lahr/Basel 1988
- *Entdeckungsreisen in Braunschweiger Kirchen*, (Braunschweiger Beiträge. Sonderheft), Braunschweig 1998
- *Erlebnisraum Kirche*. Handlungsorientiertes Lernen in und um die Kirche, Reliprax Nr. 19
- M.L. Goecke-Seischab / J. Ohlemacher, *Kirchen erkunden, Kirchen erschließen*, Kaufmann/ Butzon & Bercker, Lahr/Kevelaer 1998
- *Glaube wird sichtbar und hörbar*. Christliche Baukunst erzählt vom Glauben, Schulreferat der Erzdiözese München und Freising, München 1995

- D. Macaulay, *Sie bauten eine Kathedrale*, (dtv junior), Deutscher Taschenbuch Verlag, München 1985[9]
- E. Scheibe, *Rund um den Kirchturm*, Evangelische Verlagsanstalt, Leipzig 1992
- R. Schindler, *Florian in der Kirche*, (Religion für kleine Leute), Kaufmann, Lahr 1979
- s. auch *Religionsunterricht praktisch 3*, S. 10

## 3. Bezüge zu *Religionsunterricht praktisch*

- s. *Religionsunterricht praktisch 3*, S. 11ff („Kirche: Ein Haus für viele")
  S. 39ff („Evangelisch - Katholisch - Ökumene: Auf gute Nachbarschaft")

## 4. Erläuterungen zu den Freiarbeits-Vorschlägen

Voraussetzung der Freiarbeit ist eine vorherige Kirchenerkundung, die mit den nachstehenden Vorschlägen gleichsam gesichert und vertieft wird.

### Zu 5.1

a) Verschiedene Varianten sind vorstellbar:
*Möglichkeit 1:* Klassen-Projekt (alle Sch.)
> liebevolle Gestaltung einer Kirche, reichhaltige Ausstattung (Stoffe, Farben, Knete ...) > großes Modell
*Möglichkeit 2:* Modell vom L.
> L. stellt Modell als FA-Material vor
*Möglichkeit 3:* Modell jedes einzelnen Sch.
> jeder Sch. kann in FA-Phasen aus einer bereitgestellten Kiste mit Rohmaterialien (Pappe, Holzstücke ..) ein Modell in Schuhkartongröße erstellen (evtl. anschl. fotografieren)

Ggf. können die Sch.-Modelle in der Kirche der Gemeinde ausgestellt werden.

b) Weitergehende, hier nicht verfolgte Erschließungsmöglichkeiten sind z.B.
- Kapitelle, Schlusssteine oder Rundbögen in Ton oder Ytong nachbauen – vgl. dazu: entwurf 2/98, S. 59.61

- Symbole in der Kirche finden – vgl. dazu: Entdeckungsreisen in Braunschweiger Kirchen, S. 36
- Wie funktioniert eine Orgel? – vgl. dazu: Entdeckungsreisen in Braunschweiger Kirchen, S. 24

Kirche – sehen, was hinter dicken Mauern steckt 113

**Zu 5.2 (Beispiel [Foto])**

Vorlage **M 3** ggf. auf DIN A3 vergrößern.

**Zu 5.3**

**Wie Glocken gegossen werden**

**Lösung**

1.
Zuerst wird für den Glockenguss eine Grundform aus Backsteinen aufgemauert, die den inneren Kern bildet.

2.
Danach erhält der „Kern" eine Schicht aus Wachs oder Metall, welches leicht flüssig wird.

Diese Schicht ist so dick wie die spätere Glockenwand. Darüber wird noch ein Mantel aus Lehn gestülpt.

3.
Damit diese Form (Kern, Wachs, Mantel) nicht beschädigt werden kann, steht sie sicher in einer Grube. Diese wird mit Erde zugeschüttet.

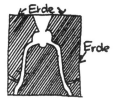

4.
Durch Erhitzen (Feuer) wird das Metall oder Wachs zwischen Kern und Mantel flüssig und fließt ab.

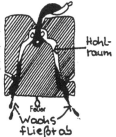

5.
In den nun entstandenen Hohlraum zwischen Kern und Mantel wird das Material gegossen, aus dem die spätere Glocke besteht. Es kann Bronze, Gusseisen oder Gussstahl sein.

6.
Nachdem der Guss erkaltet ist, werden alle Zu- und Abflussröhrchen abgesägt und der Lehmmantel abgeschlagen.

7.
Zuletzt wird die Glocke gestimmt. Sie wird so lange geglättet, bis der gewünschte Klang erreicht ist.

## 5. Freiarbeitsvorschläge

### 5.1 Die Kirche und ihre Einrichtungsgegenstände
#### a) Bau eines Kirchenmodells

Ihr benötigt:
- Karton
- Begriffskärtchen (**M 1**)
- Holzklötzchen (verschiedene Formate)
- Kassettenrecorder
- Karteikarten
- Fotos von Einrichtungsgegenständen

Arbeitsaufträge:
- Baut mit den Klötzchen den Innenraum der Kirche nach, die ihr besucht habt: Stellt die Gegenstände im Karton-Modell an ihren Platz.
- Ordnet die Begriffskärtchen zu (**M 1**).
- Informiert euch über die Bedeutung der Einrichtungsgegenstände (**M 2**). Stellt euch vor, Fremde sehen den von euch nachgebauten Kirchenraum. Erklärt ihnen die Einrichtungsgegenstände durch
  a) eine besprochene Kassette oder
  b) eine Kartei oder
  c) Zuordnung der Fotos zu den gebastelten Gegenständen.

### 5.1 Die Kirche und ihre Einrichtungsgegenstände
#### b) Zuordnungsübung

Du benötigst:
- Begriffskärtchen (**M 1**)
- Erläuterungen zu den Gegenständen (**M 2**)

Arbeitsauftrag: Lies die Erklärungen und lege die passenden Namenskärtchen dazu.

Kirche – sehen, was hinter dicken Mauern steckt 115

## 5.2 Kirchenfenster

Ihr benötigt:
- Wasserfarben
- Salz (grob und fein)
- Umrissvorlagen (auf schwarzem Tonpapier) – **M 3**
- Transparentpapier
- Folie
- Folienstifte
- evtl. Bunt- oder Filzstifte, Speiseöl
- Fensterkreide

Arbeitsaufträge:
- Male die Vorlage (**M 3**) nach deinen Vorstellungen großflächig mit Wasserfarben aus. Achte darauf, dass die Farbe sehr nass bleibt. Streue Salz über dein Bild. Durch Bewegen des Blattes kannst du die Farben ineinander laufen lassen.
- Bei Verwendung von Buntstiften / Filzstiften: Bestreiche die Rückseite mit Hilfe eines Pinsels mit Speiseöl. Nach dem Trocknen wird das Fenster transparent.
- Nimm ein Stück weißes Transparentpapier. Beklebe es mit Figuren und Formen, die du aus buntem Transparentpapier schneidest oder reißt. Diese Papierstücke solltest du an den Rändern übereinander kleben. Schneide eine Umrissvorlage aus schwarzem Tonpapier aus und klebe sie über dein Transparentpapierbild.
- Bemale ein Fenster deiner Klasse mit Fensterkreide, sodass es wie ein Kirchenfenster aussieht.
- Umrissvorlage auf Folie kopieren: Male diesen Fensterumriss mit bunten Folienstiften aus.

## 5.3 Wie Glocken gegossen werden

Ihr benötigt:
- Wie Glocken entstehen (Bildergeschichte) – **M 4**
- Wie Glocken entstehen (Text, ungeordnet) – **M 5**

Für die Zusatzaufgabe:
- Ton
- Prägefolie

Arbeits-
aufträge: In der Bildergeschichte (**M 4**) werden die einzelnen Schritte bei der Glockenherstellung dargestellt.
- Ordne die einzelnen Textabschnitte den Bildern zu. Du findest sie ungeordnet (**M 5**). Schneide Text- und Bildausschnitte aus und klebe sie an die richtige Stelle in **M 6**.

Zusatz-
aufgaben:
- Stelle selbst eine Glocke aus Ton her. Ritze in den „Mantel" Verzierungen und / oder einen kurzen Text ein.
- (Wo die Glocken zugänglich sind)
Nimm in Frottagetechnik oder mit Prägefolie eine Inschrift o.ä. vom Glockenrand ab.

# 5.4 In einer Kirche ist viel zu entdecken (Kirchenrallye)

Du benötigst:
- Grundriss der Kirche, die du erkunden willst
- Skizzen- und Notizblock
- Stifte zum Schreiben und Malen
- Maßband oder Zollstock

## a) Außenerkundung

Arbeitsaufträge:
- Geh um die Kirche herum. Was fällt dir auf?
- Welche Teile der Kirche kannst du erkennen?
- Wie alt schätzt du das Kirchengebäude?
- Gibt es besonderen Schmuck auf der Turmspitze (einen Hahn, ein Kreuz ...)?
- Wo steht die Kirche? (Auf einem Hügel? In engen Gassen? Auf einem Platz? ...)

### b) Innenerkundung

Arbeitsaufträge:

- Wie fühlst du dich in diesem Raum (fremd – heimelig – kalt – gemütlich – allein – verloren – klein – umschlossen – geborgen – eingeengt – aufgehoben – erdrückt)?

- Ist der Kirchenraum hell oder eher dunkel? Kannst du alles erkennen? Woher kommt das Licht?

- Wenn du durch diesen Kirchenraum gehst, kannst du dann an verschiedenen Stellen etwas riechen? Was riechst du?

- Suche dir eine Stelle, wo du gern einige Augenblicke verweilen und zur Ruhe kommen möchtest. Was fühlst du? Wie wirkt die Stille auf dich? Was hörst du – außer deinem Atem? Was siehst du?

- Sicher möchtest du noch etwas im Kirchenraum genauer betrachten, z.B.
    - den Altar
    - das Taufbecken
    - die Kanzel
    - das Lesepult
    - ein Fenster
    - die Tür / Türen
    - ein Bild
    - eine Figur / Figurengruppe ...

  Betrachte einen Gegenstand genauer. Geh so nah heran, dass du alles gut erkennst. Setz dich davor. Sieh ihn dir in Ruhe an. Verwundert dich etwas? Freut dich etwas? Entdeckst du etwas Erstaunliches? Wie alt mag dieser Gegenstand sein? Erinnert dieser Gegenstand an etwas? Hat er wohl eine große Bedeutung in der Gemeinde?

- Was fällt dir an der Raumgestaltung auf? Gibt es Schmuck (Bilder, Figuren ...) auf dem Altar, an der Kanzel, an den Wänden ...?

- Schätze Länge, Breite, Höhe des Innenraums. Miss den Umfang der Pfeiler / Tragebalken.

- Suche auf dem Grundriss
    - die Schiffe (Mittelschiff, Seitenschiffe, Querschiffe)
    - den Chor, die Apsis
    - das Westwerk (dort steht der Turm / die Türme)
    - die Stelle, wo der Altar steht
    - die Lage der Kanzel
    - die Stelle des Taufbeckens (Taufsteins).
    - Welche Form haben die Fenster? Erzählen sie Geschichten? Welche?
    - Hat die Kirche noch Nebenräume (z.B. eine Sakristei, eine Glockenstube etc.)?
    - Welche Gegenstände liegen bzw. stehen auf dem Altar? Schreibe und/oder zeichne deine Beobachtungen.

Kirche – sehen, was hinter dicken Mauern steckt

# M 1

## Begriffskärtchen

Orgel

Bänke / Stühle

Kerzen

Kanzel

Taufstein

Kreuz

Altar

Bibel

Kirchenschiff

Liedertafel

Fenster

# Erklärungskarten

**M 2**

| | |
|---|---|
| **Orgel** | Sie begleitet den Gesang der Gemeinde. Dazu werden Pfeifen mit Hilfe von Tasten durch einen Luftstrom (Wind) zum Erklingen gebracht (nach Goeke-Seischab, S. 144). Orgelprospekt heißt der Teil der Orgel, der vom Kirchenschiff aus sichtbar ist. |
| **Kreuz** | Es ist das Symbol des Christentums und erinnert daran, dass Jesus am Kreuz gestorben ist. In jeder Kirche ist es (meist auf dem Altar) zu finden. |
| **Taufstein** | Er steht meist in der Nähe von Kanzel und Altar. Damit wird ausgedrückt: Predigt, Taufe und Abendmahl, das hörbare und sichtbare Wort Gottes, gehören zusammen. Früher wurden Täuflinge bei der Taufe in tiefen, großen Becken ganz untergetaucht („Taufe" kommt von „tauchen"). Heute sind diese großen Becken durch kleine Schalen ersetzt.<br>    Bei der Taufe lässt der Pfarrer dreimal Wasser aus einer Kanne über den Kopf des Täuflings laufen. Er sagt: „Ich taufe dich im Namen des Vaters, des Sohnes und des Heiligen Geistes ..." |
| **Kanzel** | Sie ist ein meist etwas erhöhter Platz. Von hier aus hält die Pfarrerin / der Pfarrer die Predigt. Die Predigt ist eine Auslegung eines Bibeltextes für unsere Zeit. Kanzeln können einfache Holzpulte oder reich verziert sein. |
| **Altar** | Der Altar ist ein Tisch aus Holz oder Stein. Er ist meist mit einer Decke und mit farbigen Tüchern („Paramenten") geschmückt. Am Altar betet die Pfarrerin/der Pfarrer. Hier feiert die Gemeinde das Heilige Abendmahl. Am Altar knien die Eheleute bei der Hochzeit und die Konfirmanden bei der Konfirmation nieder. Vom Altar aus spendet die Pfarrerin / der Pfarrer den Segen. |
| **Kerzen** | Die Kerze / Kerzen auf dem Altar spenden Licht und verbreiten schöne Stimmung. Das Licht der Kerzen ist aber auch Symbol für das Licht Gottes, das zu uns Menschen kommt.<br>    Zu Weihnachten und Ostern zünden wir besonders viele Kerzen in der Kirche an. |
| **Bibel** | Die Bibel liegt auf dem Altar. Die Bibel steht im Mittelpunkt des Lebens der Christen und des Gottesdienstes. |
| **Liedertafel** | Sie nennt die Lied-Nummern aus dem Gesangbuch, die im Gottesdienst gesungen werden. |

Kirche – sehen, was hinter dicken Mauern steckt 121

**M 3**

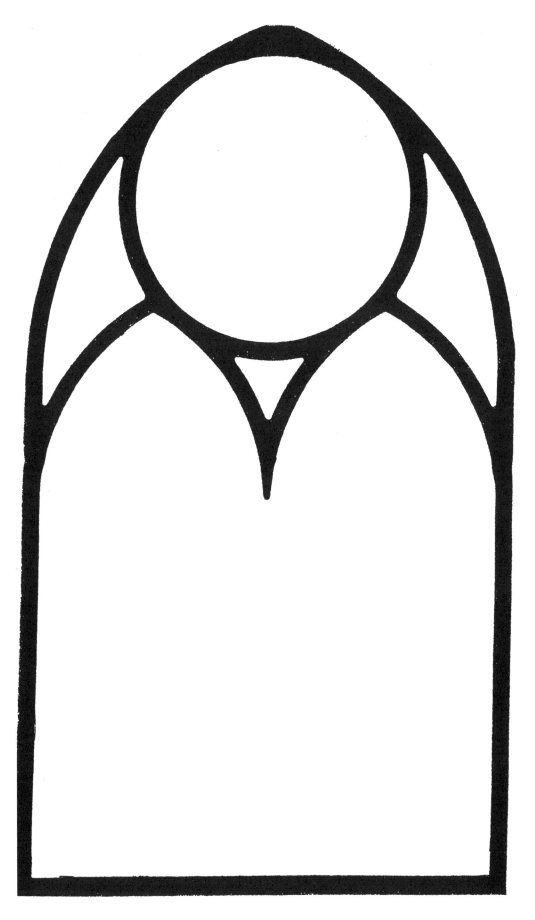

# Wie Glocken entstehen (Bildergeschichte)

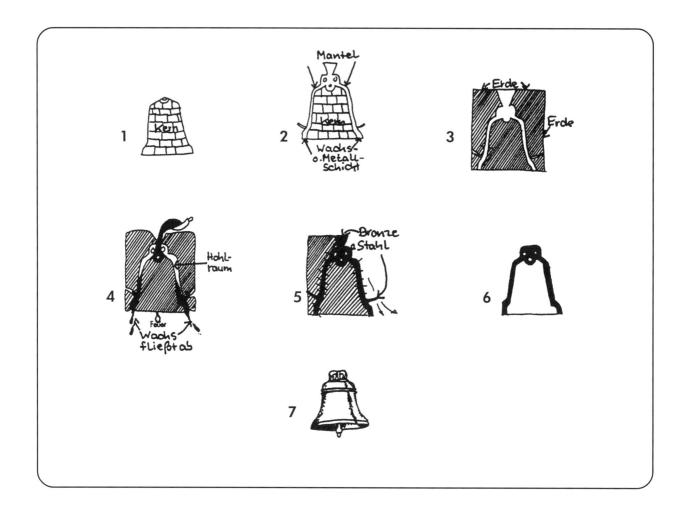

# Wie Glocken entstehen (Text, ungeordnet)

In den nun entstandenen Hohlraum zwischen Kern und Mantel wird das Material gegossen, aus dem die spätere Glocke besteht. Es kann Bronze, Gusseisen oder Gussstahl sein.

Zuerst wird für den Glockenguss eine Grundform aus Backsteinen aufgemauert, die den inneren Kern bildet.

Durch Erhitzen (Feuer) wird das Metall oder Wachs zwischen Kern und Mantel flüssig und fließt ab.

Zuletzt wird die Glocke gestimmt. Sie wird so lange geglättet, bis der gewünschte Klang erreicht ist.

Nachdem der Guss erkaltet ist, werden alle Zu- und Abflussröhrchen abgesägt und der Lehmmantel abgeschlagen.

Damit diese Form (Kern, Wachs, Mantel) nicht beschädigt werden kann, steht sie sicher in einer Grube. Diese wird mit Erde zugeschüttet.

Danach erhält der „Kern" eine Schicht aus Wachs oder Metall, welches leicht flüssig wird. Diese Schicht ist so dick wie die spätere Glockenwand. Darüber wird noch ein Mantel aus Lehm gestülpt.

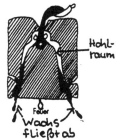

# Wie Glocken gegossen werden

1

2

3

4

5

6

7

# F  Bibel – Auf Entdeckungsreise durch das Buch des Lebens

Bibel-Ausstellung

Qumran: Die Schriftrollen vom Toten Meer

Eine Schriftrolle entsteht

Entstehung und Überlieferung der Bibel

Schmuckblatt

Kostbarkeiten aus dem Mittelalter

Eine alte Bibel erzählt ...

Aufbau und Einteilung der Bibel

Vom Übersetzen

# 1. Thematisches Stichwort

s. *Religionsunterricht praktisch 3*, S. 184f

# 2. Literatur zum Thema

### Zum Ganzen

– s. *Religionsunterricht praktisch 3*, S. 184f
– *Feste feiern mit Religionsunterricht praktisch*, S. 135
– Materialbrief 4/96, Deutscher Katecheten-Verein

### Qumran

– Bibelreport 1/1996, S. 8f
– Bibelreport 3/1997, S. 4f
– K. Berger, *Qumran und Jesus*. Wahrheit unter Verschluss? Quell, Stuttgart 1993
– H. Stegemann, *Die Essener, Qumran, Johannes der Täufer und Jesus*, Herder, Freiburg 1998[6]

### Buchmalerei / Buchherstellung

– *Biblia pauperum – Armenbibel*, (Belser Kunstbucheditionen berühmter Handschriften), Belser, Stuttgart/Zürich 1995

– *Die illuminierten Seiten der Gutenberg-Bibel*, (Die Bibliophilen Taschenbücher Nr. 417), Hardenberg, Dortmund 1983
– E. König / G. Bartz, *Das Stundenbuch*. Perlen der Buchkunst. Die Gattung in Handschriften der Vaticana, Wissenschaftliche Buchgesellschaft, Darmstadt 1998
– V. Trost, *Skriptorium*. Die Buchherstellung im Mittelalter, Belser, Stuttgart 1991
– Vernissage 8/1998

### Geschichte der Schrift

– K. Breakfield, *Schrift*, Gerstenberg, Hildesheim 1994
– G. Jean, *Die Geschichte der Schrift*, Ravensburger, Ravensburg 1993[3]
– M. Kuckenburg, *Die Entstehung von Sprache und Schrift*. Ein kulturgeschichtlicher Überblick, (dumont taschenbücher, Bd. 232), DuMont, Köln 1996

# 3. Bezüge zu *Religionsunterricht praktisch*

– Band 3, S. 188ff („Bibel: Die gute Nachricht weitersagen")
– *Feste feiern mit Religionsunterricht praktisch*, S. 133ff („Bibel-Fest")

# 4. Erläuterungen zu den Freiarbeits-Vorschlägen

### Zu 5.1: Bibelausstellung

Die genannten Bibeln können in der Regel im Pfarramt bzw. in der nächstgelegenen Mediothek entliehen werden, ebenso auch die Sachbücher.

### Zu 5.2: Qumran

Das Tonkrug-Modell (Höhe 16 cm) mit Replikat einer Qumran-Rolle ist auch in vielen Mediotheken zu entleihen. Es wird für € 33,23 (Stand Januar 2002) unter der Art. Nr. 48-1100 angeboten bei:

DORONIA GmbH
Versand israelischer Produkte
Postfach 101133
70010 Stuttgart

### Zu 5.3: Eine Schriftrolle entsteht

Papyrus gibt es in guten Schreibwaren- oder Malerbedarfsgeschäften bzw. bei Johannes Gerstäcker-Verlag, Wecostr. 4, 53783 Eitorf.

### Zu 5.5: Schmuckblatt

Anregungen zur Gestaltung von Initialen enthalten z. B.
– Kreative Freizeit – Kalligraphie, Unipart, Stuttgart 1996, S. 37ff, 23ff, 33ff.
– Chr. Brehm, Paderborner Königsbote – Papst und König in Paderborn. Begleitheft für Kinder zur Ausstellung „799 – Kunst und Kultur der Karolingerzeit. Karl der Große und Leo III. in Paderborn", F. Schöningh, Paderborn 1999, S. 43ff.

### Zu 5.8 c: Übungskartei zum Aufschlagen von Bibelstellen

Sinnvollerweise werden die 8 Karten vor Benutzung auseinander geschnitten, kaschiert und dann als kleine Kartei eingesetzt. Auf der Rückseite sollte jeweils die Lösung vermerkt werden.

*Weitere Freiarbeitsmöglichkeiten:*
Das Thema „Schreibmaterialien, Utensilien und Schrift" kann als fächerübergreifendes Projekt (Deutsch – Kunst – Sachunterricht – Religion) bearbeitet werden, z.B.
– Entwicklung der Schrift
– Von der Höhlenzeichnung zur Computersprache
– Entwicklung von Schrift und Schreibmaterial
– Papier schöpfen
– Papyrus selbst herstellen (aus Strohhalmen, Bast etc.)
– Tinte selbst entwickeln
– Buchseiten drucken und binden
– Ton- oder Wachstafel selbst herstellen und als Schreibunterlage benutzen
– Besuch in einer Druckerei etc.

*Weitere Ideen:*
– Ein Quartett herstellen
– Puzzle
– Memories
– Rätsel
– Einen Button ...

*Requisiten zur Gestaltung der Ausstellung:*
Decken, Stoffcoupons, Tonfiguren zu biblischen Geschichten, Schreibgeräte, Tongefäße, Typen der Schuldruckerei, Fotos, Kartons (Podestbau), Bänder, Pappe, Sand etc.

## 5. Freiarbeits-Vorschläge

### 5.1 Bibel-Ausstellung

Ihr benötigt:
- Eine hebräische Bibel (AT)
- Ein griechisches Neues Testament
- Eine möglichst alte Bibel
- Kinderbibeln / Bilderbibeln / Biblische Bilderbücher
- Moderne Bibeln
- Fremdsprachige Bibelausgaben – Ersatzweise **M 1**
- Die Bibel auf Microfiche („Die kleinste Bibel der Welt")
- Sachbücher zur Bibel und zur Umwelt der Bibel / Atlas zur Bibel / Bildband Hl. Land / Lexikon etc.

Arbeitsvorschläge:
- Wählt aus den vorliegenden Bibeln einige möglichst unterschiedliche Beispiele aus. Schreibt einen kleinen Text dazu (Aussehen/Inhalt/Schrift/Bilder etc.).
- Vielleicht sucht ihr *eine* Geschichte aus und vergleicht sie in verschiedenen Bibelausgaben.
- Überlegt, welche Bücher ihr für eine Bibelausstellung auswählen und wie ihr sie präsentieren wollt.

Bibel – Auf Entdeckungsreise durch das Buch des Lebens **129**

## 5.2 Qumran: Die Schriftrollen vom Toten Meer

Ihr benötigt:
- Infokarte „Die Schriftrollen ..." (**M 2**)
- Bildkarte (**M 3**)
- (nach Möglichkeit: Tonkrug-Modell mit Kopie einer Schriftrolle)
- Kassetten-Rekorder / Kopfhörer / Kassette
- Schere
- Klebstoff

Arbeitsvorschläge:
- Lest die Infokarte (**M 2**) mit verteilten Rollen mehrere Male durch. Sprecht den Text anschließend auf Kassette

*oder*

- schreibt den Text für ein kleines Hörspiel um und gestaltet es mit Kassette

*oder*

- stellt aus **M 2** und **M 3** eine Zeitungsseite oder eine Wandzeitung zusammen.
- Welche Rolle kann das Tonkrug-Modell in der Ausstellung spielen? Gibt es Bücher und Bilder zum Thema?
- Wie könnt ihr die Ausstellungsbesucher aktiv in euren Ausstellungsteil einbeziehen?

## 5.3 Eine Schriftrolle entsteht

Ihr benötigt:
- Umschlag mit Papyrus-Blättern (DIN A4) oder Elefantenhaut
- Scheren
- Klebstoff
- Text Jesaja 9,1ff
- 2 Rundstäbe (Ø 5 mm, ca. 14 cm lang)
- 4 Perlen (gelocht) oder Korkscheiben
- Schreibstifte
- Lexikon und Infokarte „Papyrus" (**M 4**)

Arbeits-
vorschläge:
- Falls vorhanden: Untersucht das Papyrus-Blatt. Haltet es gegen das Licht. Könnt ihr erkennen, wie das Blatt hergestellt wurde? Beschreibt, was ihr seht. Vergleicht mit Papier.
- Informiert euch über Papyrus (**M 4**). Schreibt einen kleinen Text. Malt dazu.
- Schneidet die Blätter einmal längs durch. Teilt dann jeden Streifen in zwei gleich große Teile. Teilt links und rechts 1 cm ab, der nicht beschrieben werden darf (Klebestellen).
- Jeder von euch schreibt einen Vers des Jesaja-Textes auf sein Blatt (evtl. in Spiegelschrift). (Papyrus lässt sich auch bemalen und bedrucken!)
- Klebt die beschriebenen Blätter nebeneinander (von rechts nach links).
- Klebt Anfang und Ende des fertigen Papierstreifens um die Rundstäbe und klebt sie fest. Versieht die Stäbe oben und unten mit Perlen oder Korkscheiben.
- Zusatzauftrag für den *Kunstunterricht*: Fertigt einen Tonkrug für eure Schriftrolle an.
- Schreibt ein Erläuterungskärtchen zu einer Rolle (und zu dem Tonkrug).

Bibel – Auf Entdeckungsreise durch das Buch des Lebens 131

## 5.4 Entstehung und Überlieferung der Bibel

Ihr benötigt: – Infokarte „Wie das AT entstand" (**M 5**)
– Infokarte „Wie das NT entstand" (**M 6**)

Arbeits-
vorschläge: – Fasst die wichtigsten Gedanken in einer kleinen Geschichte zusammen. Folgende Reizwörter können euch dabei helfen: *Erfahrungen – erzählen – von Generation zu Generation – nur mündlich weitergegeben – auf große Rollen aufschreiben – alle Bücher der Bibel erzählen ...*
– Malt eine kleine Bildergeschichte zu dem Gelesenen.

## 5.5 Schmuckblatt

Du benötigst:
- Elefantenhaut oder Zeichenkarton (DIN A4)
- Feinliner (schwarz)
- Infokarte „Handschriften und Buchmalerei im Mittelalter" (**M 7**)
- Bibel oder Auswahl von Bibelversen
- Schmuckseite einer Bibel mit Initiale „F" (**FM 11**)
- Buntstifte
- Gold- bzw. Silberfarbe

Arbeits-
vorschläge:
- Lies zuerst den kleinen Artikel über „Handschriften und Buchmalerei im Mittelalter" (**M 7**).
- Wähle einen Bibelvers aus.
- Sammle Ideen zur Gestaltung des ersten Buchstabens („Initiale").
- Gestalte deinen ersten Buchstaben mit deinen Ideen und schreibe deinen Spruch sehr sorgfältig daneben.
- Wenn du noch Zeit hast: Verziere den Rand mit einem Schmuckband.

**Mach dir deinen eigenen Druckstock**

1 Initiale aufmalen und auf Holzklötzchen durchpausen

2 Dünne Schnur auf die Umrisse der Initiale kleben

3 „Druckstock" auf Stempelkissen drücken

4 Initiale auf das Schmuckblatt drucken

# 5.6 Kostbarkeiten aus dem Mittelalter

Ihr benötigt:
- Bildkarte „Titelseite zur Genesis aus der Gutenberg-Bibel" (**FM 12**)
- Lupe
- Buntstifte
- Elefantenhaut
- Lineal
- Kinderbibel

Arbeits-
vorschläge:
- Schaut euch die Bibelseite (**FM 12**) genau an.
  Beschreibt sie. Die folgenden Hinweise und Stichwörter können euch dabei helfen:

  1. Seite der Gutenbergbibel – 1454 gedruckt – Pergament – Anfang der Schöpfungsgeschichte (Genesis) in lateinischer Sprache – Buchstaben gedruckt – farbige Schmuckelemente mit der Hand später dazu gemalt – besonders reiche Verzierung des Anfangsbuchstabens „I" (= „Initiale") – sechs runde Bildchen („Medaillons") – bunte Blüten, Ranken, Vögel.

- Untersucht einen Ausschnitt mit der Lupe. Was seht ihr?
- Worin unterscheidet sich diese Seite von einer normalen Buchseite wie ihr sie kennt? Überlegt und notiert.
- Lest die Bibelstelle in der Bibel nach.
- Habt ihr Lust, selber Buchmaler zu werden? Sucht euch dazu aus der Kinderbibel eine Geschichte heraus, die ihr besonders mögt. Schreibt eine Seite ab. Achtet auf den Abstand der Zeilen.
  „Initialen" und Verzierungen machen eure Seite ansprechender.

## 5.7 Eine alte Bibel erzählt ...

Ihr benötigt: Eine möglichst alte (Familien-)Bibel

Arbeits-
vorschläge
– Lasst eure Bibel eine / ihre Geschichte erzählen (Ich-Form).
Folgende Impulse können euch vielleicht helfen:
– Gewicht?
– Alter?
– Titel auf dem Einband
– Schrift
– Inhaltsverzeichnis(se)
– Anhang (Landkarten? Erklärungen?)
– Wie stellt ihr euch die Menschen vor, die in diesem Buch gelesen haben? Wann haben sie darin gelesen? Was?
Gibt es handschriftliche Eintragungen aus dem Leben der Familie? Welche? (Wenn ihr die Handschrift nicht lesen könnt, hilft euch euer[e] Lehrer[in]).

Bibel – Auf Entdeckungsreise durch das Buch des Lebens

## 5.8 Aufbau und Einteilung der Bibel:

## (a) Die Bücher der Bibel

Ihr benötigt:
- Bauklötzchen (verschiedene Größe, s.u.) in Zahl der biblischen Bücher
- Folienstift, 2 Farben (AT und NT)
- „Die biblische Bibliothek" (**M 8**)

Arbeits-
vorschläge:
- Baut die Bibel-Bücherei nach. Jeder Bauklotz ist ein Buch.
- Schaut im Inhaltsverzeichnis der Bibel nach, welche Bücher lang sind (große Bauklötze) und welche Bücher kurz sind (kleine Klötze).
- Schreibt auf jeden Baustein mit Folienstift den Namen des Buches.
- Stellt die Bücher in der richtigen Reihenfolge in das Bibelregal.
- Bearbeitet das AB. Schlagt in den Inhaltsverzeichnissen der Bibel nach und füllt die Leerstellen. Kontrolle: Vergleicht euer Ergebnis mit den Inhaltsverzeichnissen der Bibel.

## 5.8 Aufbau und Einteilung der Bibel:

### (b) Die „Räume" der biblischen Bibliothek

In der Stadtbücherei gibt es verschiedene Abteilungen:
*Kinderbücher – Sachbücher – Tierbücher* etc.

In der Bibel ist das ähnlich: Eine Abteilung des AT heißt „Geschichte", die 2. Abteilung „Weisheit", die 3. Abteilung „Propheten".

– Schau auf dem AB nach und nenne jeweils 1 Buch aus jeder Abteilung des AT:

| Abteilung | Buch |
|---|---|
| Geschichte | -------------------------- |
| Weisheit | -------------------------- |
| Propheten | -------------------------- |

– Welche *Abteilungen* entdeckst du im NT?

------------------------------------------------------

------------------------------------------------------

------------------------------------------------------

– Zu jeder Abteilung sollst du für die Ausstellung ein provisorisches „Buch" als Ausstellungsstück erstellen. Dazu musst du die angegebene Bibelstelle suchen, sie laut lesen, in wenigen Sätzen (3–4) nacherzählen und diese Sätze besonders schön in das jeweilige „Buch" schreiben („Buch 1 = Geschichte" – „Buch 2 = Weisheit" etc.).

| | |
|---|---|
| Geschichte | 2. Mose 16,15-22 |
| Weisheit | Psalm 23,1-2 |
| Propheten | Jesaja 65,25 |
| Evangelien | Lukas 2,1-7 |
| Briefe | 1. Korinther 13,4-7 |
| Offenbarung | Offenbarung 21,3-4 |

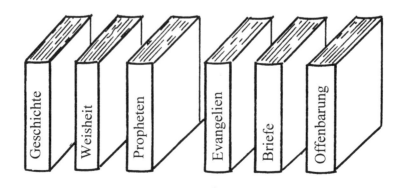

# 5.8. Aufbau und Einteilung der Bibel:
## (c) Übungskartei zum Aufschlagen von Bibelstellen (1)

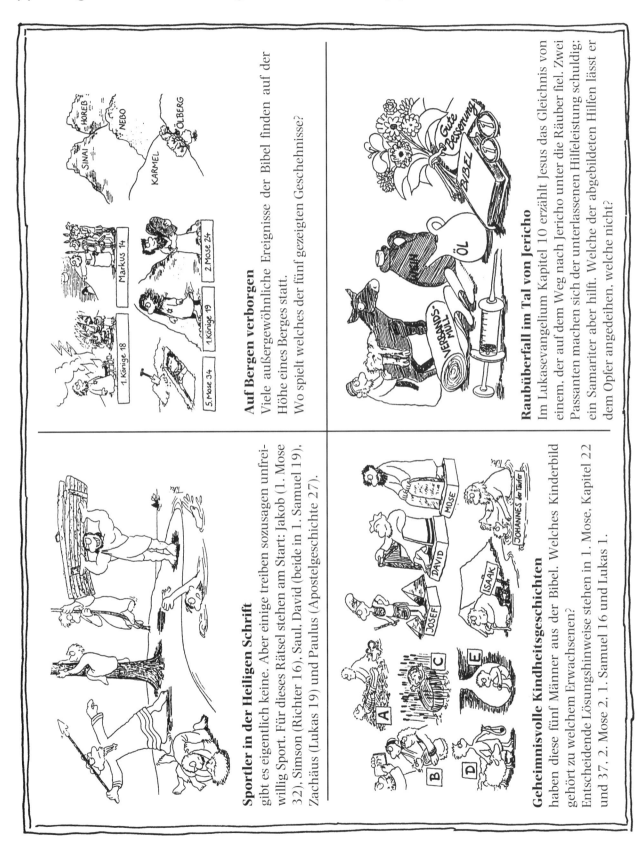

**5.8. Aufbau und Einteilung der Bibel:**

**(c) Übungskartei zum Aufschlagen von Bibelstellen (2)**

Bibel – Auf Entdeckungsreise durch das Buch des Lebens                    **139**

## 5.9  Vom Übersetzen

Ihr benötigt: – Infokarte „Vom Übersetzen" (**M 9**)
– Lexikon
– Luther-Bild
– Beispiele fremdsprachiger Bibelausgaben

Arbeits-
vorschläge: – Fertigt für die Ausstellung eine Wandzeitung zum Thema „Vom Überset-
zen" an. Darin sollen vorkommen:
– Luther als Übersetzer der Bibel
– Bibeln für die ganze Welt
– Erdkarte
– Beispiele fremdsprachiger Bibelausgaben, Zuordnung zu den Län-
dern auf der Landkarte.
– Sucht Informationen zu Luther als Bibelübersetzer. Benutzt Lexika und
Sachbücher. Schreibt einen kurzen Lebenslauf.
– Luther als Übersetzer der Bibel. Sucht Gründe, warum er sich auf der
Wartburg befindet. Was war der Anlass der Übersetzung?
– Im 19. Jh. entstehen Bibelgesellschaften. Das Evangelium wird nach
Tibet, Südamerika, Afrika, Grönland gebracht. Übersetzungen erfolgen
ins Persische, Chinesische. Sucht fremdsprachliche Bibeln heraus, bringt
sie mit. Ordnet Länder und Bibelausgaben einander zu.

# Zehn verschiedene Bibelübersetzungen von Markus 1,1–4

**M 1**

### Deutsch, Mk 1.1-4

Das ist die Gute Nachricht über Jesus Christ Sohn Gottes.
Es begann, wie der Prophet Jesaja geschrieben h
Hier ist mein Bote, sagt Gott,
ich will ihn vorausschicken,
damit er alles vorbereitet.
Jemand ruft mit lauter Stimme in der Wüste:
Richtet den Weg, damit der Herr einziehen k
Baut ihm eine gute Straße!

### Griechisch, Mk 1.1-4

ΑΡΧΗ τοῦ εὐαγγελίου τοῦ Ἰησοῦ Χριστοῦ,
ʼκαθὼς εἶναι γεγραμμένον ἐν τοῖς προφήτ
ἀποστέλλω τὸν ἄγγελόν μου πρὸ προσώπου
κατασκευάσει τὴν ὁδόν σου ἔμπροσθέν σου."
ἐν τῇ ἐρήμῳ, Ἐτοιμάσατε τὴν ὁδὸν τοῦ Κυρίο
τὰς τρίβους αὐτοῦ."
[Η]το ὁ Ἰωάννης βαπτίζων ἐν τῇ ἐρήμῳ,

### Mongolisch, Mk 1.1-9

### Russisch, Mk 1.1-4

1. Начало Евангелія Іисуса Христа, Сына Божія,
2. Какъ написано у пророковъ: «вотъ, Я посылаю Ангела Моего предъ лицемъ Твоимъ, который приготовитъ путь Твой предъ Тобою».

3. «Гласъ в пустынѣ: при Господу, пря те стези Ему
4. Явился I въ пустынѣ крещеніе п прощенія гр

### Amharisch, Mk 1.1-4

### Apachen, Mk 1.1-4

1 Bik'ehgo'ihi'nan biYe', Jesus Christ, baa
baa gozhóni díínko begodez'i';
2 Bik'ehgo'ihi'nan binkááyú nada'iziidi n'íí
biyi'dí' díí baa k'e'eshchįį, Shíí, Bik'ehgo'ihi'
nal'a'á nádįhyú iłch'i'gole' doleełíí deł'a'.
3 Da'igolį́į́yú hadínshį dilwosh, NohweBik'eh
iłch'i'daagohłe', intín iłk'ídezdqhgo bá ádaahł
4 Áík'ehgo John da'igolį́į́yú baptize ádaagole',

### Chinesisch, Mk 1.1-17

得你約曠上但施位伍得直我
烈咃翰野父河洗後洗赦伍要
撒應坐伍有受但過禮猶嘅差
網該監在聲約伍我約太路遣
落悔之曠音翰將來翰全、我
海改後、野從施用嘅、着地、照嘅

### Englisch, Mk 1.1-4

1 This is the Good News about Jesus Christ, the Son of God. ² It began as the prophet Isaiah had written:
"'Here is my messenger,' says God; 'I will
send him ahead of you to open the way
for you.'
³ Someone is shouting in the desert:
'Get the Lord's road ready for him,
Make a straight path for him to travel!'"
⁴ So John appeared in the desert, baptizing people and
preaching his message. "Change your ways and be bap-

### Burmesisch, Mk 1.1-4

### Eskimo (Grönland), Mk 1.1-4

1 Jisuse-Kristusimik Gùtip erneranik iva
autdlarkautâ tamáśsauvok; ² sôrdlo pruvfiti
agdlagaine agdlagsimassok: ata, ingiliga su
autdlartípara, avkutigssat iluarsarkuvdlugo.
ssuitsume tordlulassup nipigâ: Nâlagkap av
iluarsarsiuk, tungmissagssailo nalingmag
⁴ Juánase tikiúpok puilarssuitsume kuississok
ssutigalugulo kuissut avdlamik isumatârkúss
tit isumâkêrnekautigssãnik. ⁵ Jùtianiutdlo

# Die Schriftrollen am Toten Meer

**M 2**

Bild 1  An einem heißen Sommertag ziehen Beduinen mit ihren Schaf- und Ziegenherden durch die einsame und karge Steppe nordwestlich des Toten Meeres. Im Flusstal bei Qumran schlagen sie ihre Zelte auf. Ein paar Tage wollen sie hier bleiben und ihre Tiere weiden lassen.

Bild 2  Früh am Morgen zieht Muhammad mit seiner Ziegenherde los. Der Beduinenjunge ist erst 15 Jahre alt. Doch bei den Beduinen müssen auch 15-Jährige schon mithelfen. Muhammad sucht einen Weideplatz für die Herde. Im Schatten einer Schirmakazie kann er die Tiere beobachten, in die Ferne sehen – und davon träumen, unverhofft einen verborgenen Schatz zu finden, von dem die Alten abends am Lagerfeuer so spannend erzählen.

Bild 3  Herabpolternde Steine schrecken den jungen Hirten aus seinem schönen Traum: Eine Ziege hat sich weiter oben in den zerklüfteten Felsen verstiegen und eine Steinlawine ausgelöst. Muhammad schaut angestrengt an der Felswand hoch: Wenige Meter neben seiner Ziege entdeckt er ein Loch, kaum größer als der Kopf eines Menschen. Das Loch scheint in eine Höhle zu führen. Muhammad hat längst seine Ziege vergessen; er ist ganz aufgeregt. Schnaubend erreicht er die seltsam geformte Öffnung. Er schirmt die Augen gegen die blendende Sonne ab, doch das Höhlendunkel ist undurchdringlich. Er wirft einen Stein durch die Öffnung – klirrend zerbricht etwas.

Bild 4  Neugierig zwängt sich der Junge durch den schmalen Eingang. Im Dämmerlicht erspäht er mehrere etwa 60 cm hohe Tonkrüge. Ob in ihnen wirklich geheimnisvolle Schätze verborgen sind?
Vorsichtig öffnet er den Deckel des ersten Kruges: Leer! Der zweite Krug: Leer! Muhammad ist enttäuscht!

Bild 5:  Doch im dritten Krug stößt er auf ein Bündel staubiger Lappen. Er zieht es heraus. Beim Berühren zerfällt das Leinen, das im Innern eine braune Pergament-Rolle birgt. Was soll er bloß mit diesem alten Leder anfangen? Er will die Rolle schon wegwerfen, da entdeckt er Buchstaben und Schriftzüge. Er kann sie nicht entziffern. Wie fast alle Beduinen hat Muhammad nie lesen und schreiben gelernt. Auch anderen Krügen entnimmt der Hirte alte Pergament-Rollen. Er trägt sie abends ins Lager – vielleicht kauft Schumacher Kando in Bethlehem das alte, gut erhaltene Leder, um es zu Sandalen zu verarbeiten.

Bild 6  Durch Zufall hören Altertumsforscher in Jerusalem von Muhammads Fund in den Bergen am Toten Meer. Sie untersuchen die Rollen mit ihren merkwürdigen Schriftzeichen – und werden ganz erregt: Diese alten, handgeschriebenen Rollen sind mit Gold nicht zu bezahlen! Vor ihnen liegen 2000 Jahre alte kostbare Bibelhandschriften des Alten Testaments. Sie sind trotz ihres Alters hervorragend erhalten, weil die Krüge, die sie bargen, sorgfältig versiegelt waren.
Tatsächlich ist Muhammad auf einen Schatz gestoßen, doch ganz anders, als er es unter der Akazie geträumt hatte.
Die sensationelle Entdeckung lockt Wissenschaftler aus aller Welt ans Tote Meer. Zehn andere Höhlen mit weiteren Schriftrollen werden entdeckt. Sie alle gehörten zur Bibliothek des nahe gelegenen Klosters Qumran.
Als 70 Jahre vor Christi Geburt Krieg ausbrach und römische Soldaten vorrückten, versteckten die Qumran-Mönche die Schriftrollen in den unwegsamen Bergen hinter ihrem Hauptquartier. Das Kostbarste, das sie besaßen, sollte auf keinen Fall den heidnischen Feinden in die Hände fallen!
H.F.

142  Bibel – Auf Entdeckungsreise durch das Buch des Lebens

**M 3**

# Infokarte „Papyrus"

 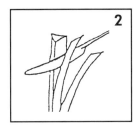 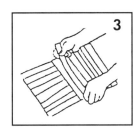

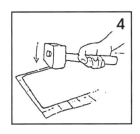

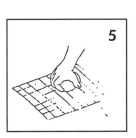

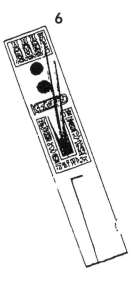

Bereits im 3. Jahrtausend benutzten die Ägypter Papyrus als Schreibmaterial. Papyrus, eine Schilfart, wächst am Ufer des Nil (Bild 1). Das Mark der Stängel wird in dünne Streifen geschnitten (Bild 2). Diese Streifen werden in mehreren Schichten kreuzweise übereinander gelegt (Bild 3).

Anschließend werden die Papyruslagen gepresst, getrocknet und geglättet (Bilder 4 + 5). Mehrere Blätter können zu einer Rolle zusammengeklebt werden. Zum Schreiben benutzten die Ägypter Rohrfedern aus Schilf und Tinte aus Ruß und Wasser (Bild 6).

# Infokarte „Wie das Alte Testament entstand"  M 5

Schon immer haben Menschen gerne Geschichten erzählt. Geschichten erzählen auch von den Erfahrungen, die Menschen in ihrem Leben mit Gott gemacht haben.

Wichtige Erfahrungen sollen nicht in Vergessenheit geraten. Deshalb wurden sie wieder und wieder erzählt: Am Lagerfeuer, im Beduinenzelt, unter dem Sternenhimmel. Von Generation zu Generation wurde weiter getragen, was wichtig war.

Viele Jahrhunderte lang erzählten die Israeliten, wie Gott ihren Vätern Gutes getan hatte. Sie erzählten von Abraham und von Josef. Sie erzählten von Mose und vor allem von der Befreiung Israels aus der ägyptischen Sklaverei. Sie erzählten von der Schöpfung und wie Gott die Väter ins Land Kanaan geführt hatte.

Väter erzählten ihren Kindern von den großen Taten Gottes. Die Kinder trugen den Schatz der Erfahrungen weiter zu ihren Kindern. Jeder hörte aus den Geschichten heraus: Sie sind nicht vergangen. Die Geschichten leben auch jetzt! Sie gelten auch für mich.

Viele Jahrhunderte lang wurden in Israel die Geschichten und Erfahrungen der Väter nur mündlich weitergegeben. Alle gaben sich große Mühe; nichts sollte vergessen, nichts verfälscht werden.

Erst unter König Salomo begannen kluge, schriftkundige Männer, die Geschichten von Gott und seinem Volk auf große Rollen zu schreiben. So entstanden die ersten Bibel-Bücher. Später wuchsen die einzelnen Geschichten zu den „Fünf Büchern Mose" zusammen.

In weiteren Jahrhunderten kamen neue Schriftrollen hinzu, z.B. die Psalmen, Lieder und Gebete oder die Geschichten der Propheten und ihre Worte.

Alle 45 Schriften des AT erzählen auf ihre Weise, was Gott Israel Gutes getan hat.

# Infokarte „Wie das Neue Testament entstand"  M 6

Am Anfang des NT steht die Ostererfahrung der Jünger: „Jesus lebt. Er ist der so lange erwartete Messias!"

Die Jünger mussten von ihrem Glauben erzählen. Andere Menschen sollten hören, was sie mit Jesus erlebt hatten!

Einzelne Jesus-Worte und -geschichten wurden aufgeschrieben. Immer wieder wurden sie im Gottesdienst vorgelesen: Predigten, Heilungsgeschichten, seine Geburt, seine Taufe, sein Leiden und Sterben, Ostern.

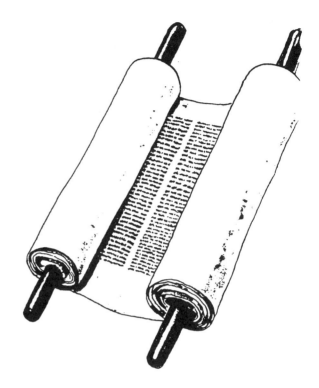

Nach und nach starben die Jünger und die Jesus-Botschaft zog immer weitere Kreise. Da trugen die Evangelisten Matthäus, Markus, Lukas und Johannes die einzelnen mündlichen Geschichten von Jesus und kleine schriftliche Sammlungen zusammen. Sie wählten aus, ordneten neu, schrieben auf. So entstanden *die vier Evangelien*. Die frohe Botschaft, das Evangelium, durfte nicht in Vergessenheit geraten!

Älter als die Evangelien sind die *Briefe*, die Paulus an verschiedene Gemeinden schrieb. Die Gemeinden lasen die Briefe, schrieben sie ab und verteilten sie an Nachbargemeinden.

Auch Ereignisse der frühen Kirche wurden aufgeschrieben, z.B. Pfingsten, die Bekehrung des Paulus, seine anstrengenden und gefährlichen Reisen.

Alle Bücher der Bibel – in mehr als 1000 Jahren geschrieben – erzählen immer wieder neu von den guten Erfahrungen der Menschen mit Gott.

# Infokarte „Handschriften und Buchmalerei im Mittelalter"

Bevor Johannes Gutenberg um 1450 die Buchdruckerpresse erfand, mussten Bibeln mit der Hand abgeschrieben werden. Das geschah in den Schreibstuben der Klöster („Skriptorien"). Mit größter Sorgfalt und in schönster Schrift schrieben Mönche Wort für Wort auf kostbares Pergament. Das dauerte sehr lange.

Die Mönche schrieben die Bibel nicht nur ab. Sie bemalten die Handschriften auch mehrfarbig und verzierten sie mit Bildern und kunstvoll gestalteten Anfangsbuchstaben („Initialen").

Manchmal nahm ein Bild („Miniatur") oder eine Initiale eine ganze Seite ein. Bei besonders schönen Ausgaben verwendeten die Mönche auch Blattgold.

1

Glätten der Tierhaut (Außenseite)

2

Initiale „N" mit Mönch beim Beschneiden eines Pergamentbogens

3

Mittelalterliches Skriptorium

4

Mittelalterliche Druckwerkstatt

Bibel – Auf Entdeckungsreise durch das Buch des Lebens

**M 8**

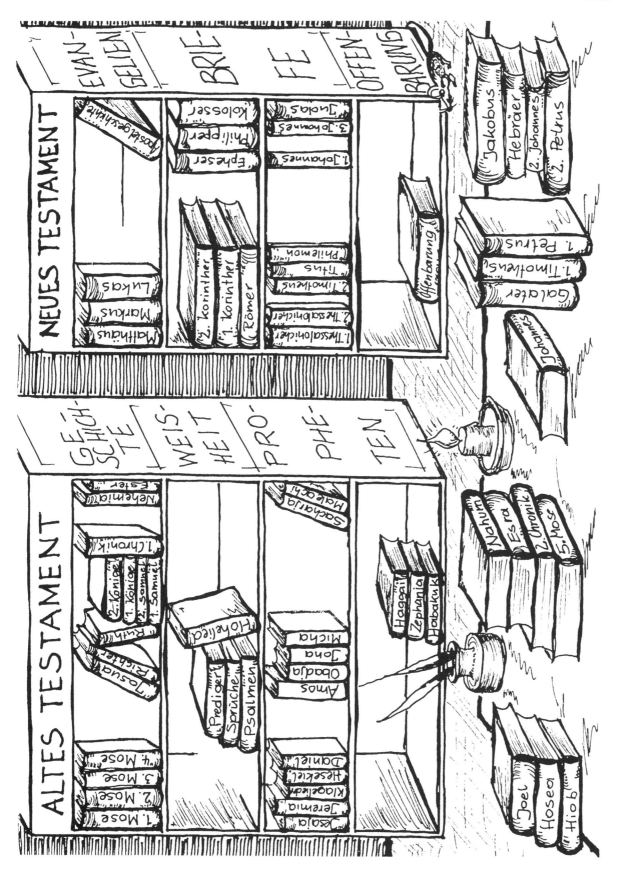

# Infokarte „Vom Übersetzen"

Martin Luther, der Mönch aus Wittenberg, lebt seit ein paar Wochen unerkannt als „Junker Jörg" auf der Wartburg. Sein Leben ist in Gefahr. Deshalb hat ihn Kurfürst Friedrich von Sachsen auf der Burg versteckt.

Luther nutzt die Zeit. Er will die Bibel ins Deutsche übersetzen. Alle Christen, auch die einfachen Leute, sollen die Bibel lesen und verstehen können. Alle sollen wissen dürfen, dass Gott sie liebt.

Luther möchte eine lebendige Übersetzung schaffen. Sie soll so klingen, wie die Menschen auf der Straße sprechen, nicht wie die Gelehrten. Deshalb mischt er sich unerkannt unter die Leute. Er hört auf den Märkten den Bauern und Marktfrauen, den Händlern und Kindern zu. Die Alltagssprache der Leute benutzt er für seine Bibelübersetzung.

Bei manchen Wörtern sucht der Mönch mehrere Wochen nach einer passenden Übersetzung. Dennoch ist das Werk schon nach vier Monaten fertig.

Das deutsche Testament wandert von Hand zu Hand. Gelehrte, Studenten lesen ebenso darin wie Bürger und Bauern. Manche Leute lernen es sogar auswendig.

Dann beginnt Luther mit der Übersetzung des hebräischen Alten Testaments. Freunde helfen ihm beim Übersetzen. Die Mühe vieler Jahre lohnt sich. 1534 erscheint die ganze Bibel in deutscher Sprache. Viele Menschen können jetzt Gottes Wort in ihrer Sprache lesen. Es begleitet sie in ihrem Leben, es tröstet sie, wenn sie traurig sind, es macht sie froh.

Im 19. Jahrhundert entstehen überall in Europa Bibelgesellschaften. Missionare bringen das Evangelium nach Tibet, nach Südamerika, nach Afrika, nach Grönland. Alle sollen das Evangelium in ihrer Sprache hören und lesen können. Dazu braucht man Übersetzungen. Bibeln und Bibelteile werden ins Persische und Chinesische,

Bibel – Auf Entdeckungsreise durch das Buch des Lebens

ins Malayische und Äthiopische und in Dialekte übersetzt, die oft nur wenige tausend Menschen sprechen.

Manche Probleme haben die Übersetzer zu lösen. Ein Eskimo-Missionar will das Bildwort von Jesus als dem „Lamm Gottes" (Joh 1,29) in die Eingeborenensprache übersetzen. Die Eskimos kennen aber keine Lämmer (Sie kennen auch keine Wüste oder Heuschrecken.)

Deshalb wählt er einen Vergleich aus der Welt der Grönländer. Er übersetzt: „Jesus, Gottes kleiner Seehund ..." Der Seehund ist für die Eskimos (wie das Lamm für die Juden) das Bild des Unschuldigen und Liebenswerten.

---

## Bibelschriften in 2212 Sprachen

In 2212 Sprachen kann die Bibel oder können zumindest Teile der Bibel gelesen werden. Gegenüber dem Vorjahr ist das ein Zuwachs um 15 Sprachen. Die Bibel bleibt damit das am häufigsten übersetzte Buch der Welt.

Eine vollständige Bibelübersetzung gibt es nun in 366 Sprachen, Anfang 1998 waren es 363. Das ganze Neue Testament liegt für weitere 928 Sprachen vor. Das bedeutet einen Zuwachs um 23 Sprachen gegenüber dem Vorjahr. Hinzu kommen 918 Übersetzungen für einzelne Evangelien oder einen anderen Teil der Heiligen Schrift.

# Steine, die vom Leben erzählen

Steinmandala

Kartei

Stein-Memory

Schreiben

Steine in der Bibel

Mauern bauen

Gestalten

# 1. Thematisches Stichwort

*Assoziationen* zum Stichwort „Stein":
Grenz-, Meilen-, Schluss-, Grab-, Gedenk-, Mühl-, Tauf-, Bord-, Kilometer-, Eck-, Schornstein

*Mit Steinen kann man*
... bauen (Häuser, Dämme, Straßen, Tempel, Pyramiden, Paläste, Hütten), basteln, spielen, schmücken, verschenken, rollen, ertasten, gestalten, werfen, mahlen.

*Steine können sein:*
rund, eckig, kantig, flach, spitz, stumpf, rau – glatt, glänzend, geädert, kalt – warm, dicht – porös, schroff

*Steine drücken*
„.... Ewiges, Unveränderliches, Unsterbliches aus. Sie sind Zeichen für Stabilität, Dauerhaftigkeit, Zuverlässigkeit. Geht es darum, Festigkeit, Unbeirrbarkeit, Treue, aber auch Härte zu charakterisieren, wählt man zum Vergleich den Stein. Steine sind aber auch unbeweglich, statisch, leblos, ja seelenlos. Dies macht ihren Gegensatz zu allem Organischen, zu Pflanzen und Tieren aus. Daher gelten Steine als kalt, es sei denn, sie sind von der Sonne erwärmt, dann können sie Wärme speichern und lange Zeit abgeben. Für alle tierischen Lebewesen sind Steine ungenießbar, nicht verdaubar, ‚liegen schwer im Magen'. Und doch kann der Stein auch Leben in sich haben: Schlagen wir Steine gegeneinander, sprüht Feuer heraus und aus dem Felsen quillt das Wasser des Lebens.

Felsen sind schroff, kantig, unbezwingbar, sie gewähren zugleich aber auch Schutz, Zuflucht gegen Angreifer. Wer auf einem Felsen steht, hat einen weiten Blick, kann frühzeitig Boten, kommendes Wetter wie drohende Gefahren ausmachen. Eine Burg auf einem Fels ist uneinnehmbar, sie bietet Schutz und kann für den Gefährdeten Rettung sein.

In der Bibel wird Gott als Fels (Dtn 32,4), als schützender Fels (Ps 62,8) bezeichnet; er ist die Burg auf dem Fels, die Rettung gewährt (2 Sam 22,2f; Ps 18,3). Paulus bezeichnet Christus als den ›lebensspendenden Fels‹ (1 Kor 10,4). Er ist ›der Stein, den die Bauleute verwarfen, er ist zum Eckstein geworden‹ (Ps 118,2; Apg 4,11; 1 Petr 2,7). Simon wird von Jesus als Petrus, als Fels für die Kirche berufen (Mt 16,18)."

*(aus: K. Schilling, Symbole erleben, Verlag Kath. Bibelwerk, Stuttgart 1991, S. 89f)*

# 2. Literatur zum Thema

- *Augenreise I und II. Ein Lese-Seh-Buch für Kinder von 7 Jahren an*, Volk & Wissen, Berlin 1992
- R. Bäcker, *Ein Stein in meiner Hand*, (Für die Weiterarbeit 1/94), Pädagogisches Institut der EKvW, Haus Villigst
- G. Binding, *Baubetrieb im Mittelalter*, Wiss. Buchgesellschaft, Darmstadt 1992
- *Den Stein ins Rollen bringen* (Bausteine Altenarbeit. Praxismappe 2/1998). Bergmoser + Höller, Aachen 1998
- E. Kreis, *Das Geheimnis der Steine.* Unterrichtsvorschläge für das 3. - 6. Schuljahr, in: forum religion 3/94, S. 9ff
- *Kunstunterricht in der Grundschule.* Elementares Lernen mit Feuer, Wasser, Erde, Luft, Auer, Donauwörth 1997
- S. Latorre/A. Naber, *Das kreative Sachbuch – Steine*, Als, Dietzenbach 1999
- *Lernangebot: Steine*, Klett, Stuttgart 1997
- M. Mix/G. Rödding, *Symbole im Kindergarten verstehen und gestalten. Ein Praxisbuch für die religiöse Früherziehung der 3–7-Jährigen*, Gütersloher Verlagshaus, Gütersloh 1977, S. 71ff
- D. Macaulay, *Sie bauten eine Kathedrale*, Artemis 1987, dtv 1992
- K. Schilling, *Symbole erleben. Glauben erfahren mit Hand, Kopf und Herz*, Kath. Bibelwerk, Stuttgart 1991, S. 89ff

- G. Schmitz, *Symbole – Urbilder des Lebens*, Urbilder des Glaubens. Band 1, (Kreativer Religionsunterricht), Lahn, Limburg 1998
- H. Stephan, *Zeichen und Symbole – Sprache des Glaubens*. 50 Arbeitsblätter mit didaktisch-methodischen Kommentaren – Sekundarstufe 1, Klett, Stuttgart u.a. 1997[2]
- Weitere Literaturhinweise: s. Bausteine Kindergarten 2/1987, S. 48

*Praxisbücher*
- S. Ohf, *Ich mach was mit Steinen*, Otto Maier, Ravensburg 1989
- St. Parker, *Mineralien und Steine*, Saatkorn, Lüneburg 1994
- P. Petersen, *Tobias erlebt die Steinzeit*, Finken, Oberursel 1982

*Spiele*
- H. Steuer, *Auf Straßen und Plätzen spielen*, Hugendubel, München 1998, S. 21ff.61ff

*Dias*
- Dia-Dienst, Kath. Filmwerk München, Folge 1/3: Dia Nr. 39 und 45

## 3. Bezüge zu *Religionsunterricht praktisch*

- Band 1, S. 139ff ("Gottes Schöpfung entdecken" – Aspekt: Staunen)
- Band 2, S. 11ff ("Brücken bauen" – Aspekt: Brücken aus Stein)
  - S. 135ff ("Passion – Ostern" – Aspekt: Der Stein vor dem Grab Jesu)
- Band 3, S. 11ff ("Kirche" – Aspekt: Kirche als Haus der lebendigen Steine – Arbeit der Steinmetze und anderer Steinarbeiter an Kirchen im Mittelalter)
  - S. 74ff ("Mose" – Aspekt: Pyramiden – Ziegel streichen – Wasser aus dem Felsen – Die beiden Steintafeln mit den 10 Geboten)
- Band 4, S. 51ff ("Noah" – Aspekt: Die Landung der Arche auf dem Berg Ararat – der Altar, auf dem Noah ein Dankopfer bringt)
  - S. 68ff ("Friede" – Aspekt: Die kleinen Leute von Swabedo)
  - S. 182ff ("Muslime" – Aspekt: Kaaba)

Steine, die vom Leben erzählen

# 4. Erläuterungen zu den Freiarbeits-Vorschlägen

## Zu 5.3: Stein-Memory

## Zu 5.7: Gestalten

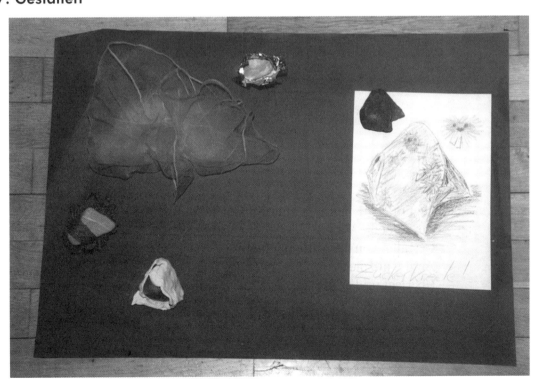

## 5. Freiarbeits-Vorschläge

### 5.1 Steinmandala

Ihr benötigt:
- Stofftücher / Tücher
- Steine unterschiedlicher Form und Größe
- Kieselsteine
- Sand
- Seilchen
- Zweige, Blumen, Efeu

Arbeits-
vorschläge:
- Legt mit den / einigen Materialien ein Mandala.
- Gestaltet die Mitte.
- Gestaltet von der Mitte nach außen.
- Achtet auf die Symmetrie oder die Kreisform.
- Überlegt und erklärt die Bedeutung eures Mandalas.

Steine, die vom Leben erzählen                                                              **155**

**5.2 Kartei**

**a) Bücher – Bilder – Lexika**

Ihr benötigt:
  Bücher, z.B.
  – L. Lionni, *Am Strand sind Steine, die keine sind*, Middelhauve
  – H. Heyduck-Huth, *Der Glitzerstein*, (Pro juventute), Atlantis
  – M. Reidel, *Stein und Staub*, Sellier
  – Bilder
  – Lexika

Arbeits-
vorschläge:   – Legt eine oder mehrere Kartei(en) zum Thema „Steine" an.
  – Schreibt, was ihr
     ... mit den Augen seht.
     ... mit den Händen fühlt / ertastet.

**5.2 Kartei**

**b) Sprichwörter**

Ihr benötigt:   Liste mit Sprichwörtern / Redensarten (**M 1**)

Arbeits-
vorschläge:   – Wählt ein Sprichwort / mehrere Sprichwörter aus.
  – Sucht eine Erklärung für das Gemeinte.
  – Malt ein Bild dazu.

## 5.3 Stein-Memory

Ihr benötigt:
- Steine (verschiedene Größen / Farbe / Zeichnung ...)
- Wortkarten mit Charakterisierungen der ausgelegten Steine
- Blankokarten

Arbeits-
vorschläge:
- Wählt einen Stein aus und beschreibt ihn. Schreibt eure Beobachtungen auf eine Karte. Was ist das Besondere an eurem Stein? Legt den Stein und die Karte in eine Schale. Sucht euch u.U. einen neuen Stein und verfahrt genauso mit ihm.

*Oder:*

- Lest eine vorbereitete Karte und sucht den entsprechenden Stein. Legt den Stein auf die Karte, fahrt so fort.

# 5.4 Schreiben

Ihr benötigt: Steine (verschiedene Größen / Farbe / Zeichnung etc.)

Arbeits-
vorschläge:
- Wählt einen Stein aus und betrachtet ihn zunächst ganz still. Schreibt sodann auf, was euer Stein euch erzählt.

  *Oder:*

- Wählt einen Stein aus und schreibt eine Geschichte dazu: Was hat euer Stein schon erlebt? (Fantasiegeschichte)

  *Oder:*

- Lasst den Grundstein (oder den Schlussstein im Gewölbe) einer alten Kirche erzählen. Malt vielleicht ein Bild dazu.

  *Oder:*

- An welche Erlebnisse mit Steinen erinnert ihr euch?
  Schreibt eine Geschichte auf oder sprecht sie auf Kassette.

  *Oder:*

- Stellt euch vor, einer der Steine, die für euch bereitstehen, wäre ein Zauberstein ...

## 5.5 Steine in der Bibel

a) Ihr benötigt:
- flache, glatte, große Steine
- Edding, Folienstifte
- Liste mit biblischen Steingeschichten (**M 2**)

Arbeitsvorschläge:
- Sucht euch eine Steingeschichte aus der Bibel und schreibt sie auf einen Stein.
- Malt etwas dazu. Verziert den Stein.

b) Ihr benötigt: Bibelstellen oder biblische Geschichten (**M 2**)

Arbeitsvorschlag:
Sucht euch eine „Steingeschichte" und schreibt dazu eine eigene Geschichte aus der Sicht eines Steines (geeignete Stellen: David, Mose, Rollstein vor Jesu Grab).

c) Ihr benötigt:
- Ton- oder Schiefertafeln
- Specksteine
- Kreide

Arbeitsvorschlag:
Schreibt die 10 Gebote auf zwei Steintafeln.

d) Ihr benötigt:
- Bibl. Geschichten (**M 2**)
- Musikinstrumente
- Tücher
- Steine
- Zauberwatte

Arbeitsvorschläge:
- Sucht euch eine Geschichte aus und legt sie als Bodenbild nach. Versucht, die Gefühle der Menschen darzustellen. An welche Stelle gehört der Stein?
- Ordnet jeder Person einen Stein zu und spielt die Geschichte nach.
- Sucht einen Psalm aus, in dem das Symbol Fels / Stein vorkommt. Sprecht den Psalm und versucht, ihn mit Musik zu untermalen.

## 5.6 Mauern bauen

Ihr benötigt:
- Bilderbuch: L. Lionni, *Tillie und die Mauer*, Middelhauve, München 1989
- gleich große Kieselsteine
- Uhu-Pistole (Niedrigtemperatur-Klebepistole)

Arbeitsvorschläge:
- Lest zunächst das Bilderbuch und schaut euch die Bilder an.
- Baut aus Kieselsteinen mit Hilfe der Klebepistole die Mauer nach.

## 5.7 Gestalten

Abhängig von dem Schwerpunkt des im RU zu erarbeitenden Inhaltes bieten sich verschiedene Gestaltungsaufgaben an:

*a) Steine als Symbol*

Ihr benötigt:
- Stoff
- Wolle u.a.
- Karton
- Stein

Arbeitsvorschläge:
- Sucht euch verschiedene schmeichelnde, bergende, angenehme Materialien und gestaltet damit einen Tastkasten / eine Fühlstraße.
- Legt dann einen Stein hinein. Beschreibt, wie ihr den Kontrast und den Stein erlebt.
- Benennt die stofflichen und emotionalen Eigenschaften der Materialien.

*b) Steine als Symbol*

Ihr benötigt:
- Stein
- Wasserfarben
- Papier (Format mindestens DIN A 3)

Arbeitsvorschlag:
Einen Stein in die Mitte eines hellgrundigen Blattes legen, darum mit dem Pinsel in verschiedenen „Wasser-Farben" (Blau-, Grün-, Grau-, Brauntönen) konzentrische Kreise ziehen, Gefühle bei der Arbeit und beim Betrachten der fertigen Ergebnisse benennen.

*c) Steine als Teil von Gottes Schöpfung – Steine als Naturphänomen*

Ihr benötigt:
- Steine
- Ton

Arbeitsvorschlag:
Einen Stein blind ertasten – ohne Ansicht nachformen.
Beide Produkte miteinander vergleichen.

Steine, die vom Leben erzählen

## 5.7 Gestalten

*d) Steine bemalen*

Ihr benötigt: – Stein
– Wasserfarbe

Arbeits-
vorschlag: Stein genau betrachten – mit Wasserfarben Steinmuster / Zeichnungen noch verstärken oder verändern und vergleichen.

---

*e) Steine als Baumaterial in Kirchen und anderen religiösen Orten*

Ihr benötigt: – Ytongstein / Speckstein / Ton
– Werkzeug zum Bearbeiten
– Bildvorlagen (**M 3**)

Arbeits-
vorschlag: In Kirchen gibt es viele Bilder oder Skulpturen aus Stein. Wählt ein Beispiel aus und versucht es nachzuarbeiten.

# Sprichwörter / Redensarten

**M 1**

einen Stein ins Rollen bringen

der Stein des Anstoßes

jemandem „Steine in den Weg legen"

Mir fällt ein Stein vom Herzen.

Wer im Glashaus sitzt, soll nicht mit Steinen werfen.

Steter Tropfen höhlt den Stein.

zu Stein werden

den ersten Stein auf jemand werfen

viel Steine gabs und wenig Brot

der Stein der Weisen

einen Stein im Brett haben

steinreich sein

Es geht über Stock und Stein.

Funken aus dem Stein schlagen

ein Herz aus Stein haben

Das ist nur ein Tropfen auf dem heißen Stein.

jemand Steine statt Brot geben

jemand die Steine aus dem Weg räumen

Das weiche Wasser bricht den Stein.

Steine, die vom Leben erzählen

# Biblische Steingeschichten

**M 2**

# Altes Testament

## Jakob schaut die Himmelsleiter

Aber Jakob zog aus von Beerscheba und machte sich auf den Weg nach Haran und kam an eine Stätte, da blieb er über Nacht, denn die Sonne war untergegangen. Und er nahm einen Stein von der Stätte und legte ihn zu seinen Häupten und legte sich an der Stätte schlafen. Und ihm träumte, und siehe, eine Leiter stand auf Erden, die rührte mit der Spitze an den Himmel, und siehe, die Engel Gottes stiegen daran auf und nieder.

(Gen 28)

## Wasser aus dem Felsen

Und die ganze Gemeinde der Israeliten zog aus der Wüste Sin weiter ihre Tagereisen, wie ihnen der Herr befahl, und sie lagerten sich in Refidim. Da hatte das Volk kein Wasser zu trinken. Und sie haderten mit Mose und sprachen: Gib uns Wasser, dass wir trinken ...
Der Herr sprach zu ihm: Tritt hin vor das Volk und nimm einige von den Ältesten Israels mit dir und nimm deinen Stab in deine Hand, mit dem du den Nil schlugst, und geh hin. Siehe, ich will dort vor dir stehen auf dem Fels am Horeb. Da sollst du an den Fels schlagen, so wird Wasser herauslaufen, dass das Volk trinke. Und Mose tat so vor den Augen der Ältesten von Israel.

(Ex 17)

## Der Turmbau zu Babel

Es hatte aber alle Welt einerlei Zunge und Sprache. Als sie nun nach Osten zogen, fanden sie eine Ebene im Lande Schinar und wohnten daselbst. Und sie sprachen untereinander: Wohlauf, lasst uns Ziegel streichen und brennen! – und nahmen Ziegel als Stein und Erdharz als Mörtel und sprachen: Wohlauf, lasst uns eine Stadt und einen Turm bauen, dessen Spitze bis an den Himmel reiche, damit wir uns einen Namen machen; denn wir werden sonst zerstreut in alle Länder. Da fuhr der Herr hernieder, dass er sähe die Stadt und den Turm, die die Menschenkinder bauten. Und der Herr sprach: Siehe, es ist einerlei Volk und einerlei Sprache unter ihnen allen und dies ist der Anfang ihres Tuns; nun wird ihnen nichts mehr verwehrt werden können von allem, was sie sich vorgenommen haben zu tun. Wohlauf, lasst uns herniederfahren und dort ihre Sprache verwirren, dass keiner des anderen Sprache verstehe! So zerstreute sie der Herr von dort in alle Länder, dass sie aufhören mussten, die Stadt zu bauen. Daher heißt ihr Name Babel, weil der Herr daselbst verwirrt hat aller Länder Sprache und sie von dort zerstreut hat in alle Länder.

(Gen 11)

## David und Goliath

(David) nahm seinen Stab in die Hand und wählte fünf glatte Steine aus dem Bach und tat sie in die Hirtentasche, die ihm als Köcher diente, und nahm die Schleuder in die Hand und ging dem Philister entgegen. ... Als sich nun der Philister aufmachte und daherging und sich David nahte, lief David eilends von der Schlachtreihe dem Philister entgegen. Und David tat seine Hand in die Hirtentasche und nahm einen Stein daraus und schleuderte ihn und traf den Philister an die Stirn, dass der Stein in seine Stirn fuhr und er zur Erde fiel auf sein Angesicht. So überwand David den Philister mit Schleuder und Stein und traf und tötete ihn ...

(1 Sam 17)

**M 2**

## Die künftige Herrlichkeit Zions

Gehet ein, gehet ein durch die Tore! Bereitet dem Volk den Weg! Machet Bahn, machet Bahn, räumt die Steine hinweg! Richtet ein Zeichen auf für die Völker! Siehe, der Herr lässt es hören bis an die Enden der Erde: Saget der Tochter Zion: Siehe, dein Heil kommt! Siehe, was er gewann, ist bei ihm, und was er sich erwarb, geht vor ihm her!

(Jes 62)

## Gott als Fels und Burg

Herzlich lieb habe ich dich, Herr, meine Stärke! Herr, mein Fels, meine Burg, mein Erretter; mein Gott, mein Hort, auf den ich traue, mein Schild und Berg meines Heiles und mein Schutz!

(Ps 18)

## In Gottes Händen geborgen

Herr, auf dich traue ich, ... Neige deine Ohren zu mir, hilf mir eilends! Sei mir ein starker Fels und eine Burg, dass du mir helfest! Denn du bist mein Fels und meine Burg, und um deines Namens willen wollest du mich leiten und führen.

(Ps 31)

## Dank und Bitte

(Gott) zog mich aus der grausigen Grube, aus lauter Schmutz und Schlamm und stellte meine Füße auf einen Fels, dass ich sicher treten kann.

(Ps 40)

Steine, die vom Leben erzählen

# Neues Testament

# M 2

## Vom Sämann

An demselben Tage ging Jesus aus dem Hause und setzte sich an den See. Und es versammelte sich eine große Menge bei ihm, so dass er in ein Boot stieg und sich setzte, und alles Volk stand am Ufer. Und er redete vieles zu ihnen in Gleichnissen und sprach: Siehe, es ging ein Sämann aus, zu säen. Und indem er säte, fiel einiges auf den Weg; da kamen die Vögel und fraßen's auf. Einiges fiel auf felsigen Boden, wo es nicht viel Erde hatte und ging bald auf, weil es keine tiefe Erde hatte. Als aber die Sonne aufging, verwelkte es, und weil es keine Wurzel hatte, verdorrte es. Einiges fiel unter die Dornen; und die Dornen wuchsen empor und erstickten's. Einiges fiel auf gutes Land und trug Frucht, einiges hundertfach, einiges sechzigfach, einiges dreißigfach.

(Mt 13)

## Jesu Auferstehung

Und als der Sabbat vergangen war, kauften Maria von Magdala und Maria, die Mutter des Jakobus, und Salome wohl riechende Öle, um hinzugehen und ihn zu salben. Und sie kamen zum Grab am ersten Tag der Woche, sehr früh, als die Sonne aufging. Und sie sprachen untereinander: Wer wälzt uns den Stein von des Grabes Tür? Und sie sahen hin und wurden gewahr, dass der Stein weggewälzt war; denn er war sehr groß ...

(Mk 16)

## Vom Schatz im Acker

Das Himmelreich gleicht einem Schatz, verborgen im Acker, den ein Mensch fand und verbarg; und in seiner Freude ging er hin und verkaufte alles, was er hatte, und kaufte den Acker.
(Mt 13,44)

## Jesu Grablegung

Und als es schon Abend wurde ... kam Josef von Arimathäa, ein angesehener Ratsherr ... der wagte es und ging hinein zu Pilatus und bat um den Leichnam Jesu. ... Und der kaufte ein Leinentuch und nahm ihn ab und wickelte ihn in das Tuch und legte ihn in ein Grab, das war in einen Felsen gehauen, und wälzte einen Stein vor des Grabes Tür.

(Mk 15)

## Der Tod des Stephanus

Als sie das hörten, ging's ihnen durchs Herz. ... Er aber, voll heiligen Geistes, sah auf zum Himmel und sah die Herrlichkeit Gottes und Jesus stehen zur Rechten Gottes und sprach: Siehe, ich sehe den Himmel offen und den Menschensohn zur Rechten Gottes stehen. Sie schrien aber laut und hielten sich ihre Ohren zu und stürmten einmütig auf ihn ein, stießen ihn zur Stadt hinaus und steinigten ihn. Und die Zeugen legten ihre Kleider ab zu den Füßen eines jungen Mannes, der hieß Saulus, und sie steinigten Stephanus; der rief den Herrn an und sprach: Herr Jesus, nimm meinen Geist auf!

(Apg 7)

# Beispiele und Anregungen

**M 3**

**(1)**
**Schlussstein**

**(2)**
**Kapitell**

**(3)**
**Wasserspeier**

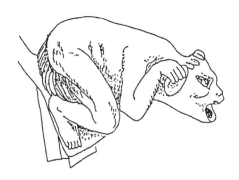

167

# Quellenverzeichnis

### 1. Texte

S. 53: Christ sein weltweit – Material für den Religionsunterricht 1997: Schöpfungserzählungen – wie alles erschaffen wurde, Freimund-Verlag, Neuendettelsau 1997, S. 18. –

S. 54: U. Schild, Hg./Übersetzung, Märchen aus Papua-Neuguinea, Eugen Diederichs Verlag, Düsseldorf/Köln/München 1977, S. 5–8 (gekürzt). –

S. 55: H.C. Meiser, Schöpfungsmythen. Ausgewählte Texte, München 1988, S. 188ff. –

S. 66: R. Bäcker, in: S. Jasch, Hg., Engel gibt es überall. Die biblischen Engelsgeschichten, Deutsche Bibelgesellschaft, Stuttgart 1995, S. 36. –

S. 67, 80, 163, 164, 165: Lutherbibel, revidierter Text 1984, mit Genehmigung der Deutschen Bibelgesellschaft, Stuttgart.

### 2. Bilder

S. 7: W.G. Mayer, Freie Arbeit in der Primarstufe und in der Sekundarstufe bis zum Abitur. Denkanstöße zur inneren Reform der Schule – ein Diskussionsbeitrag aus Nordrhein-Westfalen, Dieck-Verlag, Heinsberg 1992. –

S. 19: I. Bott u.a., Ostereier mit Pflanzen färben und verzieren, Frech-Verlag, Stuttgart 1994[14], S. 3. –

S. 27: Illustr. v. Doris Westheuser, in: Ostern – spielen und erzählen, Gütersloher Verlagshaus, Gütersloh 1997. –

S. 31: Karl Schmidt-Rottluff, Der Gang nach Emmaus, © VG Bild-Kunst, Bonn 1999. –

S. 36: Nachzeichnung von Thomas Zacharias, Emmaus, in: L. Rendle, Ganzheitliche Methoden im Religionsunterricht, Kösel-Verlag, München 1996. –

S. 48: Löwensteiner Cartoon Service, LCS 277. –

S. 49: Löwensteiner Cartoon Service, LCS 396. –

S. 62 (oben): Westfälische Provinzial, Münster. –

S. 65: G. Simmert, Hg., Engel auf Erden (Münchener Kinderbibelwoche), Keferloherstr. 70, 80807 München, S. 9. –

S. 74: Illustr. v. Doris Westheuser, in: Religion – spielen und erzählen, Bd. 1, Gütersloher Verlagshaus, Gütersloh 1997[4]. –

S. 79: U. Barff u.a., Das große farbige Bastelbuch für Kinder, Falken Verlag, Niedernhausen/Ts. 1986/1997. –

S. 81 (oben links u. rechts): Günter Hildenhagen, Münster. –

S. 81 (unten links): Inge Werth, Frankfurt/M. –

S. 81 (unten rechts): Claus-Peter März/Ino Zimmermann, Nur einer hat geholfen, © St. Benno-Verlag, Leipzig 1985. –

S. 84, 85: Ernst Alt, An Zion angenabelter Jona, 1977 (Ausschnitte), Kunstverlag Maria Laach (Farbkarte Nr. 5497). –

S. 100: Azaria Mbatha (Holzschnitt). –

S. 101: Ausschnitt des Holzschnittes v. Azaria Mbatha. –

S. 102 (oben): R. Braun, in: E. Achtnich, Arbeitshilfen für den Konfirmandenunterricht, Burckhardthaus, Gelnhausen. –

S. 102 (unten): Walter Habdank, Jona, © VG Bild-Kunst, Bonn 1999. –

S. 107 (links), 108: © Copyright The British Museum, London. –

S. 107 (rechts): Ich entdecke die Welt der Bibel – Altes Testament, Ravensburger Buchverlag Otto Maier, Ravensburg 1987, S. 218. –

S. 113, 122, 123: nach M.L. Goecke-Seischab, Kirchen erkunden, Kirchen erschließen, Verlag Ernst Kaufmann, Lahr 1998, S. 148 (Erläuterungen hinzugefügt). –

S. 137, 138: Werner „Tiki" Küstenmacher, Das Geheimnis am Ölberg. Tatort Bibel, Claudius Verlag, München. –

S. 140: The Book of a Thousand Tongues, United Bible Societies. –

S. 141: United Bible Societies, Reading, c/o Deutsche Bibelgesellschaft, Stuttgart. –

S. 143: Materialbrief 4/96 RU. Beiheft zu den Katechetischen Blättern, Hg. DKV, Kösel-Verlag, München 1996. –

S. 146 (Abb. 1, 2, 3): G. Jean, Die Geschichte der Schrift, Ravensburger Buchverlag Otto Maier, Ravensburg 1991, S. 80, 84, 86. –

S. 146 (Abb. 4): Günther S. Wegener, 6000 Jahre und ein Buch, © Oncken Verlag, Wuppertal 1999[13]. –

S. 148 (links): Martin Luther als Junker Jörg. –

S. 148 (rechts): Lukas Cranach d.Ä. (Holzschnitt). –

S. 166 (oben u. unten): M.L. Goecke-Seischab, Kirchen erkunden, Kirchen erschließen, © Verlag Ernst Kaufmann, Lahr. –

S. 166 (Mitte): entwurf 2/98, S. 61.

### 3. Farbbilder (Anhang)

FM 1: Thomas Zacharias, Gang nach Emmaus, in: Farbholzschnitte zur Bibel, Kösel-Verlag, München. –

FM 2: Thomas Zacharias, Schöpfung, in: Farbholzschnitte zur Bibel, Kösel-Verlag, München. –

FM 3: © Sieger Köder, Schöpfung. –

FM 4: „Engelwandteppich"; Sr. M. Animata Probst, Regens-Wagner-Institut, 89407 Dillingen. –

FM 5: Veit Stoß, „Trompetenengel" aus dem Engelsgruß (1518), Foto Inge Limmer, Bamberg. –

FM 6: Kapitell des Gislebertus „Traum der Heiligen Drei Könige", Kathedrale von Autun (um 1125). –

FM 7: Beate Heinen, Schutzengel (1984), Kunstverlag Maria Laach (Farbkarte Nr. 5413). –

FM 8: Ernst Alt, An Zion angenabelter Jona (1977), Kunstverlag Maria Laach (Farbkarte Nr. 5497). –

FM 9: Ernst Alt, Großer Fisch und Jonas Taube. Tusche, Aquarell (1981), im Besitz des Künstlers; Kunstverlag Maria Laach (Farbkarte Nr. 5346). –

FM 10: Die Errettung des Jona, Bibelhandschrift aus Heisterbach (um 1240), Staatsbibliothek zu Berlin/Bildarchiv Preußischer Kulturbesitz, Berlin. –

FM 11: Biblia Parisiensis, Dom Hs.2,279v: Lukasevangelium, Diözesan- und Dombibliothek Köln. –

FM 12: Gutenberg-Bibel, Titelseite zur Genesis (1450–54), Staatsbibliothek zu Berlin/Bildarchiv Preußischer Kulturbesitz, Berlin.

**FM 1**

Thomas Zacharias, Gang nach Emmaus

**FM 2**

Thomas Zacharias, Schöpfung

**FM 3**

Sieger Köder, Schöpfung

**FM 4**

Sr. M. Animata Probst, „Engelwandteppich" (1983)

**FM 5**

„Trompetenengel" aus dem Engelsgruß von Veit Stoß (1518)

**FM 6**

Kapitell des Gislebertus „Traum der Heiligen Drei Könige" (um 1125)

**FM 7**

Beate Heinen, Schutzengel (1984)

**FM 8**

Ernst Alt, An Zion angenabelter Jona (1977)

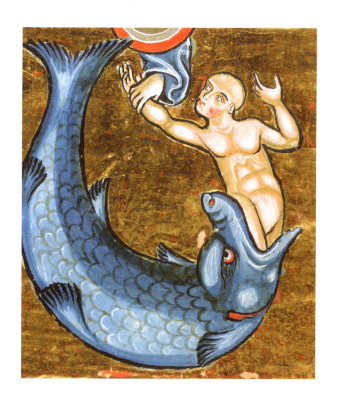

**FM 9**

Ernst Alt, Großer Fisch und
Jonas Taube (1981)

**FM 10**

„Die Errettung des Jona",
Bibelhandschrift (um 1240)

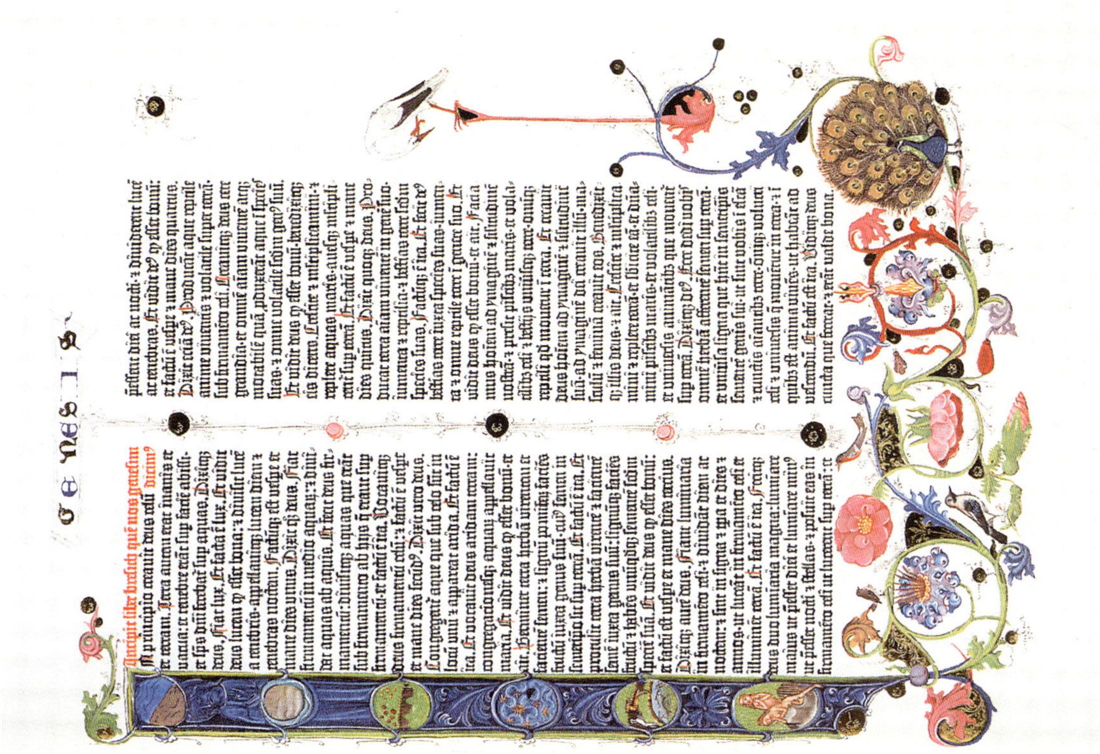

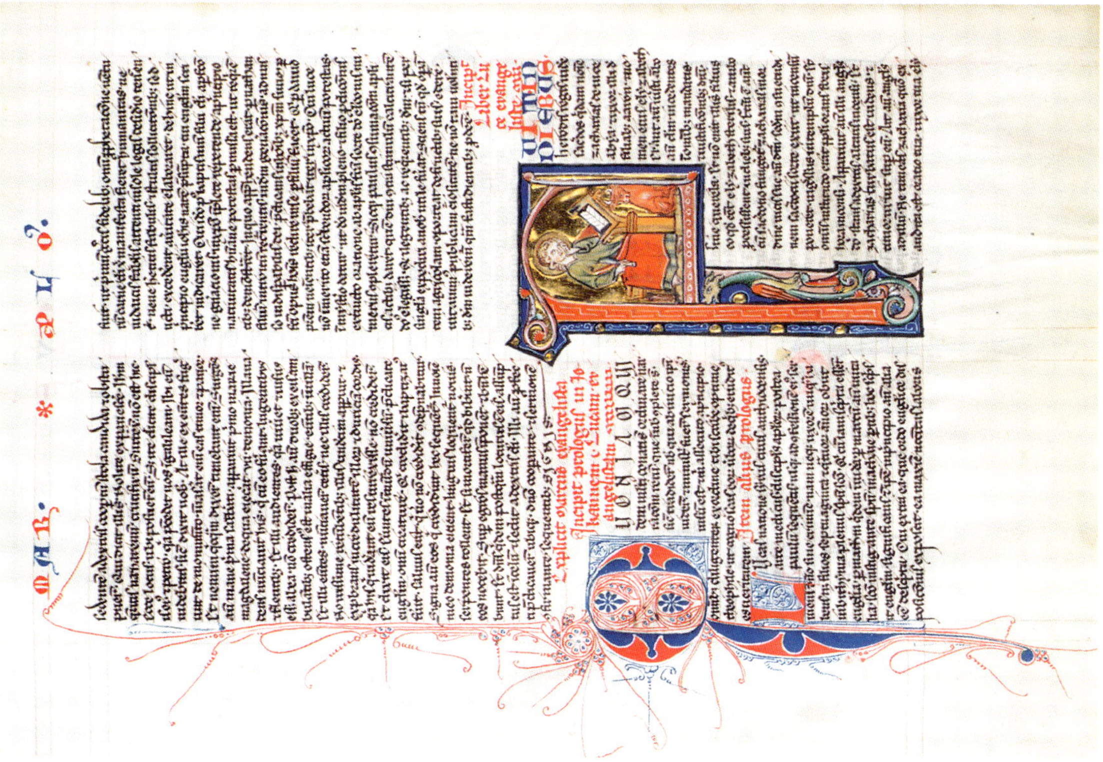

**FM 11**

Biblia Parisiensis,
Seite aus dem Lukasevangelium (Ende 13. Jh.)

**FM 12**

Gutenberg-Bibel, Titelseite zur Genesis (1450–54)